우유부단한 인생이
꼭 알아야 할
선택의 심리학

결정하기가 너무 어려운 당신을 위한 최고의 가이드

우유부단한 인생이 꼭 알아야 할

선택의 심리학

티모시 옌 지음 · 정미나 옮김

프롬북스
frombooks

내 평생 최고의 결정인,

나의 아내에게 이 책을 바칩니다.

좋은 선택이 좋은 인생을 만든다!

"더는 못 참겠어요. 이혼 신청을 하려고요." 메리가 입을 떼었다. 내 맞은 편에서 그렇게 말하는 그녀는 빈껍데기처럼 공허해 보였다. 나를 바라보는 표정에서 정신적 타격, 좌절, 분노, 고단함이 뒤섞인 감정이 묻어났다.

메리는 결혼한 지 17년째였고 남편과의 사이에서 세 명의 자식을 두고 있었다. '죽음이 우리를 갈라놓을 때까지' 함께하는 것이 마땅하다는 결혼관을 가졌던 터라 그녀는 자신이 이혼을 하게 될 줄은 생각해본 적이 없었다. 수년 전부터 결혼생활에 문제가 있다는 사실을 자각했으면서도 외면한 채 넘어갔다. 잘못된 선택이 될까 봐 겁나서가 아니었다. 문제를 입 밖으로 꺼냈다가 남편이 아이들에게 폭언을 하거나 상처를 줄까 봐 걱정되어서였다. 남편에게 따지고 대들었다가 상황이 더 안 좋게 꼬이면 어쩌나 싶었다.

어떻게 해야 할지 몰라 이렇게 망설이며 고통스러운 나날을 보냈다. 수년간을 두려움과 공허함 속에서 살았다. 건강하지 못한 부부관계는 아이들에게도 안 좋은 영향을 끼쳤다.

메리는 왜 그렇게 주저했을까? 더 일찍 할 말을 하기로 마음먹었다면 상황이 어떻게 달라졌을까?

이번엔 곧 전남편이 될 조를 만나보자. 조는 팔짱을 낀 채 화난 표정을 짓고 있었다. 자세히 얘기를 나누다 보니 조의 좌절은 주로 자신을 향해 있었다. 수년간 메리와 가정을 꾸려오면서 그 역시 이혼 생각을 해본 적이 없었다. 조에게 메리는 일생의 사랑이었다! 두 사람은 고등학생 때부터 사귀었고 조는 메리와 노년까지 쭉 함께하고 싶어 했다. 오두막 별장을 지어 손주들이 자신이 어릴 때와 같은 추억을 쌓으면 좋겠다는 꿈도 꾸고 있었다. 그 꿈이 이제는 이혼으로 물거품이 될 판이었다. 계속 부부로 살고픈 마음은 절실하면서도 조는 종종 몹쓸 '선택'을 하고 말았다.

조에게는 안 좋은 술버릇이 있었다. 괴로운 일이 생기면 술로 그 감정을 마비시키기 일쑤였다. 본인도 인정했듯, 메리에게 화풀이를 하며 악담을 퍼붓기도 했다. 아이들은 아빠를 무서워했고 경찰에 신고까지 들어간 일이 벌써 여러 번이었다. 조의 아버지 역시 폭음을 일삼았고 조는 아버지가 그렇게 술을 마실 때면 지긋지긋해했다. 얄궂게도 그랬던 그가 이제 자신의 아버지와 같은 처지가 되어, 가장 사랑하는 이들을 잃고 있었다. 결혼생활이 점점 악화되고 있다고 느끼고 마음을 다잡기도 했다. '이제는 술을 끊고 아내와 다시 잘 지내자.' 그런 날은 끝내 오지 않았다. 양심에 손을 얹고 말하자면 달라지고 싶지 않았다. 술을 마시며 감정을 억누르는 편이 더 속이 편했다. 이렇게 조는 서툰 선택을 했고 그 바람에 이혼하는 지경까지 왔다.

왜 '더 좋은 선택'을 하지 못했을까? 이혼은 자식의 죽음 다음으로, 두 번째로 큰 정서적 고통을 안겨준다고 한다. 대다수 사람은 이혼할 작정으로 결혼하지 않는다. 오히려 서로를 진심으로 사랑하고 있고, 그런 마음이 있기에 평생의 연을 맺기로 결심한다. 살다가 서로 갈라서는 편이 더 나을 것 같고 그러면 고통도 멈출 것 같아 결혼생활을 끝내는 사람들이 종종 있다. 안타깝게도 막상 이혼을 하면 그런 기대가 어긋나는 경우가 많다. 특히 법정 다툼을 벌이며 자녀 양육권을 놓고 치열하게 싸우기라도 하면 더 고통스러워진다. 끝날 기미 없이 질질 끌리기만 하는 상황이 되면 슬슬 죽음이 평온을 약속하며 유혹의 손길을 뻗쳐온다. 이런 일은 어쩌다 일어나는 걸까? 딱 잘라 말해, 끔찍한 결과를 낳는 화근은 일련의 서툰 결정이다.

메리와 조는 이 책에서 살펴보려는 두 유형의 실제 사례에 든다. 두 사람 모두 의사결정에 문제가 있어 결국엔 가장 중요한 관계를 파국으로 몰고 갔다. 메리는 우유부단함의 문제를 가진 사람의 표상이다. 난관이 생기면 두려움이나 혼란에 쩔쩔매다 얼어붙어 아무것도 하지 않기로 선택하는 사람이다. 메리는 대체로 어떻게든 충돌을 피하려는 착한 사람으로 비친다. 자신감이 부족해 자신이 무슨 말을 해봐야 대수롭지 않게 들릴 거라고 생각한다. 종종 슬픔과 원망이 강하게 들지만 괜히 할 말을 했다가 사람들이 서부감을 보일까 봐 그런 감정을 억누르는 버릇이 들었다. '순순히 순응하는' 편이지만 한 사람으로서 무시당하는 기분을 느낄 때가 많다. 자신의 삶이 무기력하게 느껴져 내심 자기 확신이 강한 사람들을 동경한다.

조는 서툰 선택을 내려서 탈인 유형이다. 어떤 상황에 반응하는 데는 문제가 없지만 다소 충동적으로 반응하기 일쑤다. 불안감이나 답답함에 못 이겨 충분히 생각해보지도 않고 성급한 결정을 내리는 경향이 있다. 안 좋은 결정을 내려놓고도 인정하지 않는다. 대뜸 자신의 결정을 정당화하고 합리화하지만 그 결정이 낳은 결과가 너무 싫은 마음까지는 부정하지 못한다. 자신이 현재 떠안은 결과에 대해 남 탓이나 상황 탓을 잘하지만 속으로는 일이 잘못된 것에 대해 스스로를 미워한다.

겉보기엔 결정을 내릴 때 자신감 있고 자기주장이 강한 것처럼 보일지 몰라도 서툰 결정을 내릴 때마다 회의감을 느낀다. 실수를 통해 배우는 게 아니라 문제점을 무시하고 스스로를 속이며 다시는 그러지 말자고 다짐한다. 적어도 또 다시 그러기 전까지는. 그때가 되면 똑같은 말을 늘어놓으며 언제 그랬냐는 듯 군다. 실망스러운 나날을 이어가면서도 다르게 살려면 어떻게 해야 할지 몰라 막막해한다.

당신은 어떤가? 우유부단한 메리에 가까운가, 서툰 선택을 하는 조에 가까운가? 솔직히 말해서 나는 둘 다에 해당된다. 어떤 때는 결정을 내리는 데 애를 먹기도 하고 또 어떤 때는 감정적이 되어 서툰 선택을 한다.

들어가는 말

아마 당신도 두 성향 사이의 어디쯤에 해당될 것이다. 틀림없이 지인들 중에 메리와 조 같은 사람들이 있기도 할 것이다. 두 경우 모두 최적이 아닌 삶을 사는 것이다. 메리도 조도 행동방식에서 잠재력을 제대로 발휘하지 못하고 있었다. 적어도 자신들이 바라는 삶과는 거리가 있는 삶을 살고 있었다.

　당신 자신에게서 메리나 조가 보이더라도 당신만 그런 게 아니다. 이런 문제에는 다 그럴 만한 지극히 타당한 이유가 있다. 모든 행동에는 제 기능이 있다. 다시 말해 우리가 내리는 모든 결정은 어떤 식으로든 우리에게 이점이 있으며, 이점이 없으면 더 이상 그런 결정도 내리지 않는다. 사람은 처한 환경에 따라, 힘든 유년기를 보내며 어머니나 아버지가 안 좋은 결정을 내리는 바람에 고통스럽게 자랐거나 어떤 결함이나 장애를 가지고 태어나 자신이 주변 사람들과는 다르다는 의식을 갖게 되었을 수 있다. 이처럼 우리에게 일어나는 일들 중에는 우리의 통제권 밖에 있어 절대로 우리의 잘못이 아닌 일들이 있기 마련이다. 우리는 더 이상 애쓰지 않으려고 자신의 선택을 합리화하며 자꾸만 자신의 진정한 정체성을 저버리는 서툰 결정을 내리기 쉽다.

　아니면, 당신은 변하기로 결심할 수도 있다. 바로 이런 선택을 해야 한다. 그것도 지금 당장. 이제는 당신이 가진 선택의 힘을 되살리기로 결심해야 한다. 결정에 대한 책임은 다른 누구도 아닌 당신에게 있다. 환경의 피해자로 살기를 그만둬야 한다.

내가 바라는 목표는 당신이 더 훌륭하게 살며 더 좋은 운명을 여는 것이다. 결정을 잘 내리지 못하거나 자꾸 안 좋은 결정을 내리게 되는 이유가 무엇이건 간에 당신은 달라질 수 있다! 나는 그렇다고 믿는다. 그렇게 믿지 않았다면 심리학자를 진작에 때려치웠을 것이다. 더 확신에 찬 생각을 하고 더 좋은 결정을 내릴 방법을 알게 된 덕분에 삶을 반전시킨 사람들을 나는 셀 수 없을 정도로 많이 봐왔다. 이런 사람들은 비로소 진정성 있는 삶을 살아가며 바라는 대로의 자신이 되었다. 당신도 머리가 더 명확해지고 더 훌륭한 정체성을 갖게 되면서 강한 자부심과 진정한 자신감을 느낄 수 있다. 최적의 결정은 삶의 관점을 근본적으로 바꿔주기도 한다. 주체적인 게임 체인저가 되게 해줄 수도 있다. 당신이 어떤 사람이고 무엇을 원하며 그 바람을 어떻게 이룰지 알게 해준다.

당신이 바라는 대로의 자신이 되도록 이끌어줄 길잡이가 된 것을 영광으로 느끼며, 앞으로 이 책에서는 난관에 막혀 서툰 결정을 내리게 되는 이유를 더 깊이 이해할 수 있는 방법을 알려주려 한다. 혼란에 빠진 순간에 즉각적으로 해결을 보려는 게 아니라, 문제를 명확히 밝혀 최적의 선택을 찾도록 이끌어줄 실질적 규칙들을 알려주겠다. 앞으로 이 규칙들을 '프레임워크Framework'라고 부르도록 하자. 이 프레임워크 과정은 난관에서 벗어나거나, 다음엔 어떤 조치를 취할지 알아내는 데 유용하다. 서툰 선택을 내리게 될 만한 잠재적 함정에 대처하며 최척의 선택을 행동으로 옮길 용기도 끌어낼 수 있다.

이쯤에서 내가 어떤 사람이고, 또 뭘 믿고 나를 길잡이로 따라야 할지 의문이 들 것도 같아 소개 인사를 하자면, 나는 임상심리학자이며 지금까지 (병원 내담과 개인적 상담을 통해) 서툰 결정으로 어려움을 겪는 문제로 상담을 해준 사람들이 말 그대로 수천 명에 이른다. 나의 내담자들이 우유부단함이나 서툰 결정으로 어려움을 겪게 된 원인은 대체로 불만족스러운 삶이었다. 나는 사람들이 상담을 통해 얼마나 좋아졌는지를 평가해보던 중 치유와 정체성 형성을 돕기 위해 이 프레임워크를 개발했다. 세계 여러 곳에서 강연을 하고 세미나를 진행하면서 여러 문화권에 걸친 리더와 팀 들이 최고의 삶을 살 수 있는 주체적인 사람으로 거듭나는 모습을 직접 보기도 했다.

이 책이 당신에게 잘 맞을까도 궁금할 것이다. 답은 경우에 따라 다르다. 당신이 꾸준히 좋은 결정을 내리는 편이라 의사결정 문제에서 개선의 여지가 없다면 책을 덮고 다른 사람에게 줘도 된다. 하지만 그렇지 않다면 이 책을 읽으며 더 최적의 결정을 내릴 줄 알게 되어 도움이 될 것이다. 더 구체적으로 설명하자면 이 책은 다음과 같은 문제를 겪는 사람들에게 추천할 만하다.

· 꾸준히 좋은 결정을 내리지 못해 어려워하는 사람들
· 당장 대응해야 할 것 같은 마음에 충동적으로 성급하게 처신하는 사람들
· 갈팡질팡하며 아무 행동도 하지 못할 때가 많은 사람들

· 자신의 진짜 생각이나 기분을 좀처럼 밝히지 않지만 나중에 가서 소외
  당하는 것 같아 원망이나 슬픔을 느끼는 사람들
· 자신의 잠재성에 부응하지 못하는 사람들과 그저 그런 평범한 삶을 살
  아가는 사람들
· 여러 면에서 부족함 없이 잘 살고 있는 것 같은데 마음속이 공허하거
  나 텅 빈 것처럼 여전히 허전한 기분이 드는 사람들

한 가지 이상에 해당된다면 이 '최적의 의사결정 프레임워크Optimal
Decision-Making Framework'가 이런 어려움을 극복하는 데 도움이 될 것이다.

그러면 앞으로 살펴볼 내용을 간략히 살펴보자. 우선 1장에서는 여러 유
형의 우유부단함과 함께 그렇게 우유부단해지는 이유를 짚어본다. 2장에
서는 위험성이 우유부단함과 막상막하인 서툰 결정에 대해 다룬다. 3장
에서는 서툰 결정이 삶에 어떤 영향을 미칠 수 있고, 그런 서툰 결정으로
어떤 대가를 치르게 되는지 알아본다. 4장에서는 본격적으로 프레임워크
에 대한 얘기로 들어가 어떻게 구성되어 있는지와 함께 개략적인 설명을
한다. 5장부터 10장까지는 이 프레임워크를 깊이 있게 알아보며 실행 방
법도 함께 설명하려 한다. 마지막으로 11장은 좋은 의사결정의 핵심을 다
루는 장으로, 안 좋은 결정을 내렸다고 그것으로 끝이 아니며 부정적 결
과가 나타나도 회복할 수 있다는 사실을 이해하는 시간이 될 것이다.

이 책은 당신의 인생이 완벽해지는 걸 보장해주진 않는다. 살면서 여전
히 실수를 하게 될 것이다. 더 잘 안다고 해서 언제나 더 잘 행동하는 건

아니다. 하지만 더 잘 알지 못하면 상황이 더 나빠지기 쉽다. 자신의 결정을 통제하고 싶을 때는 모르는 게 약이 아니다. 때때로 어떤 결정을 '실수'라고 말하는 이유는 그 결정으로 불편한 마음이 들기 때문이거나, 예상치 못한 결과나 기분 좋지 않은 결과가 생기기 때문이다. 우리 인간이 생명이 유한한 존재인 점을 감안하면 때때로 불행한 일이 일어나기 마련이다. 그런 불행이 불행을 가장한 축복이라는 것을 잊지 말아야 한다. 일이 자기 생각대로 되지 않을 때도 그것이 우리에게 좋을 수도 있다(물론 그 순간에는 그렇게 느껴지지 않겠지만!). 때로는 '실수'를 통해 얻은 지혜가 미래의 승리를 위해 필요할 수도 있다. 실수는 최적의 결정을 내리기까지의 한 과정이다. 그것이 바로 프레임워크식 사고방식이다. 프레임워크의 지향점은 정보에 근거한 결정을 내릴 힘을 갖추는 것이다. 즉, 삶의 결정들을 진정성을 갖고 체계적으로 충분히 생각해서 긍정적 결과를 일으키는 능력을 기르는 것이다.

결정을 내리는 일에 자신 있는 사람이 된다고 상상해보라. 아무리 문제가 복잡하거나 스트레스가 심하더라도 대처 방법을 알기에 내면 저변에서 평온함이 느껴진다. 머리가 명료해 상황의 현실을 제대로 파악해서 가능할 만한 선택안을 알아낼 수 있게 된다. 자신의 감정을 잘 이해해 필요나 바람을 금세 분간할 수 있다. 모든 결정 하나하나가 자신의 가치관과 연결될 수 있고 해당 결정이 자신의 목적에 어떤 도움이 되는지를 알 수 있다. 옳은 결정을 내리기 싫어하는 반발심을 간파해 그 걸림돌을 넘어설 용기도 낼 줄 안다. 이것이 바로 최적의 결정을 내리는 사람의 모습이다.

당신도 이렇게 될 수 있다.

자, 그러면 '최적의 결정을 내리는 사람이 될 마음이 있는가?' 있다면 지금부터 당신이 특정 결정을 내리게 되는 이유와 그 결정을 바꿀 수 있는 방법에 대해 더 알아보자. 이제는 프레임워크식 사고방식으로 바뀌어보자.

차 례

프레임워크

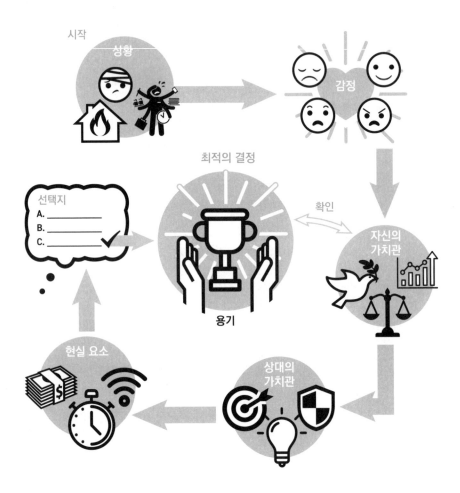

1장

틀리고 싶지 않아서

📍 이번엔 바비를 만나보자. 바비는 다른 사람들에게 호감을 얻고 싶어 하는 평범한 남자다. 사람들은 대체로 바비를 착한 사람으로 여기지만 바비에겐 문제가 좀 있는데…… 너무 착하다는 것이다. 착해도 너무 착해서 탈이다. 바비는 전염병 피하듯 갈등을 피하고 어지간해선 자기주장을 내세우는 법이 없다. 사교성이 다소 서툴고 어떤 일에든 자기 의견이라는 게 없다. 점심 먹을 식당 고르기처럼 단순한 일에서조차도 으레 이렇게 말한다. "글쎄, 잘 모르겠어. 네가 가고 싶은 곳으로 아무 데나 가자."

　바비는 좋아하지 않기가 정말 힘든 사람이지만 같이 있는 사람을 불편하게 하는 구석이 있다. 확실히 똑똑하긴 한데 별 개성이 없어 보인다. 그는 누가 봐도 진짜 속을 알 수 없는 사람이다.

　사실 바비에게도 나름의 의견이 있긴 하다. 그러려고 맘만 먹으면 식당 몇 곳쯤은 거뜬히 댈 수 있다. 사람 좋은 성격이라고 해서 기호가 없는 건 아니다! 그런데 왜 잘 모르겠다는 식의 대답을 하는 걸까? '잘못된 대답'을 골라 사람들이 자길 좋아하지 않으면 어쩌나 조마조마해서다. 그런 상황이 두려운 것이다. 논리적으로는 밥 먹을 곳을 고르는 게 대수롭지 않은 일이라는 사실을 잘 알지만 감정적으로는 선택하기 꺼려지는 거부감이 강하다.

언젠가 한번은 피자가 정말 먹고 싶으면서도 이렇게 대답했다. "글쎄, 잘 모르겠어. 난 아무거나 다 좋아."

바비의 여자친구인 티나가 넌지시 물었다. "멕시코 음식 어때?"

그 말에 바비가 처음 든 생각은 '에이, 멕시코 음식은 별로 안 땡기는데'였다. 그런데 속마음과는 다른 말을 했다. "그래! 그거 괜찮겠네!" 거짓말이었다.

티나는 독심술사가 아니었던 터라 그 말을 곧이곧대로 믿으며 말했다. "좋아! 타케아 로스 갈로스로 가자!"

뒤이어 패배감과 원망이 스멀스멀 올라왔다. 바비는 어제도 멕시코 음식을 먹었다! 오늘 또 멕시코 음식을 먹으려니 내키지 않았다. 그 결정에 속상해하지 않으려고 애썼지만 티나는 좀 전까지 기분 좋던 바비가 점점 말이 없어지고 신경질적인 기색을 보이는 걸 알아차렸다. 바비의 기분을 제대로 모르는 채 속으로 생각했다. '내가 무슨 말을 잘못했나? 왜 또 이러는 거야?' 그러다 바비의 뚱한 모습을 참다못해 점심 약속을 무르고 바비와 결별했다. 바비는 티나가 실망할까 봐 자기 의견을 내세우지 않았지만 자기 딴에 배려해서 했던 그 대답이 티나를 실망시켰을 뿐만 아니라 관계를 파탄 내기까지 했다. 우유부단함은 상황을 중립상태로 만드는 게 아니다. 당신 대신 결정이 내려지는데 대체로 바람직하지 못한 결정이다. 우유부단함은 곧 최적이 아닌 삶을 의미한다. 이런 우유부단한 면이 보인 다면 의사결정에 문제가 있는 것이다.

왜 어떤 결정들은 유독 힘이 든 걸까? 그 첫 번째 이유는, 선택지가 너무 많기 때문이다. 모든 상황에 해당되는 얘기는 아니겠지만 어쨌든 우리의 세계는 개개인의 구미를 맞춰주는 소비자 중심 사회로 바뀌어왔다. 온갖 것이 버거킹의 슬로건 'Have it your way당신 원하는 대로 하세요'를 따르고 있 다는 의미에서, 내 나름대로 이 문제를 '버거킹 문제'라고 이름 붙여봤다. 선택지가 많아질수록 더 만족스러워질 거라고 생각한다면 오산이다. 스 타벅스에 간다고 해보자. 무엇을 주문하겠는가? 라테나 카푸치노? 아니 면 에스프레소나 드립 커피? 두유, 저지방 우유, 일반 우유, 아몬드유, 귀 리유 중 어떤 것으로 하겠는가? 커피 원두는? 아시아산? 남미산이나 아 프리카산? 아니면 여러 원두가 섞인 블렌딩? 커피 추출 방식은 핸드드립, 푸어오버(유럽, 미국식 핸드드립), 블렌딩, 일반 방식 중 뭐가 좋은가? 온도 는? 아주 뜨겁게? 실온 정도로? 아니면 아이스로? 이제 내가 왜 오산이라 고 말했는지 감이 올 것이다. 이러니 커피와 안 친한 사람은 스타벅스에 가면 주눅이 팍팍 들 만도 하다! '가격이 싼 것도 아니니 잘 선택해야 할 텐데 뭐로 골라야 하지? 그냥 물 주세요…… 감사합니다.'

연구를 통해 밝혀졌듯 선택지가 많다고 반드시 더 좋기만 한 건 아니다.

심리학자 쉬나 아이엔가와 마크 레퍼는 잼 실험Jam Study을 했다. 마트에서 선택할 수 있는 잼의 종류가 많을 경우 실제로 판매와 만족도에 어떤 변화를 일으키는지 살펴보는 실험이었다. 선택할 수 있는 잼 종류의 표본 개수는 2개, 6개, 24개, 30개였다. 자신의 입맛에 딱 맞는 잼이 있을 가능성이 그만큼 더 높을 것이라는 점을 근거로 30개의 다양한 선택지가 있을 때 가장 큰 만족도를 보일 것으로 추측했으나 뜻밖의 결과가 나왔다. 잼의 종류가 30가지인 경우엔 (충분히 상상이 될 테지만) 오히려 위축감을 일으켰다. 여러 종류를 시식해본 후에 잼을 구입한 사람들 사이에서 '구매자의 후회(물건을 사고 난 뒤 잘못 산 것 같아 후회하는 것-옮긴이)'가 가장 컸다. 사고 난 뒤에 미련이 남아 '내가 산 것보다 더 맛있는 잼이 있었을지도 모른다'는 생각으로 후회와 불만족을 느끼는 경향이 더 높았다.[1]

나에게 상담을 받는 청소년 중에는 단순히 주문할 음료의 여러 옵션을 요령껏 맞추거나 더 입맛에 맞는 잼을 고르는 차원이 아닌 그 이상의 결정 문제로 힘들어하는 경우가 많다. 문득 데이브라는 남학생과의 대화가 떠오른다. 이 학생은 똑똑하고 경제적으로 부족함이 없는 데다 부모의 지지까지 받고 있지만 진로 선택의 문제에 맞닥뜨리기만 하면 초조함에 머릿속이 하얘진다. 처음엔 회계 쪽을 선택했다가 성취감을 느낄 만한 일이 못 된다는 걸 알고 과감히 단념하기로 결정했다. 그러다 이제는 시간과 에너지를 더 이상 낭비할 틈이 없게 되어 '올바른' 직업을 골라야 하는 압박이 전과는 차원이 다르다. 원점으로 돌아가 처음부터 다시 생각할 여유가 없다. 그런데다 데이브의 부모님은 이민자 출신으로 성공을 거둔 분들이라, 아들이 가업을 물려받아 가족끼리 친하게 지내는 집의 딸과 가정을 꾸리길 바라고 있다(그 집 딸이 가문을 빛내줄 신붓감이라고 여기고 있다).

데이브는 자신이 현재 원하는 대로 살고 있지 않다는 건 알고 있지만 '내가 평생 하고 싶은 일이 뭘까?'에는 이렇다 할 만한 답을 내놓지 못하는 상태다.

옳은 결정을 내리는 문제에 대해 얘기해보자. 무엇이 옳고 그른 것일까? 여기에서 내가 누군가의 도덕성을 놓고 왈가왈부한다는 건 주제넘은 일일 테니 도덕성 문제는 논외로 치고 말하자면, 기본적으로 우리는 최상의 결정이나 최적의 결정을 우리에게 이로운 결정이라고 여기고 있다. 그러니 이것이 대다수 사람들이 '옳은' 것을 판단하는 기준일 것이다. 다만, 옳고 그름이 맥락에 따라 유동적으로 여겨진다는, 난감한 문제가 있다. 옳고 그름을 절대적으로 규정하기가 점점 더 어려워지는 것 같다. 당신에게는 옳은 것이 옆 사람에게는 옳지 않을 수도 있다.

한때는 무엇이 사회를 위해 '옳은' 것인가에 대한 규정을 제도와 정부 당국에 맡겼던 때가 있었다. 그때는 행복해지기 위해 어떻게 살아야 할지에 대한 명확한 규칙이 있어서 삶이 '더 단순'하게 느껴졌다. 정부 당국이 규정한 대로 행동하며 모두가 별 불만이 없는 식이었다. 하지만 우리가 살고 있는 현재의 포스트모던 사회에서는 대다수 사람들이 옳은 것의 규정을 더는 조직에 맡기지 않는다. 커뮤니케이션 컨설팅 회사인 에델만에 따르면 미국에서는 정부를 믿는 국민이 30퍼센트에도 못 미치고 있어 1964년의 75퍼센트와 대조를 이룬다.[2] 리서치 기관인 바나 그룹에서 2018년에 경찰의 잔혹성에 대한 미국인의 관점을 조사한 결과에서는, '경찰이 유색 인종을 비롯한 소수자 집단을 부당하게 표적으로 삼고 있다'는 생각에 53 퍼센트가 공감했다.[3] 더군다나 가톨릭 사제들의 아동 성학대 사건과 대형 교회 목사들이 벌인 성희롱 고발이 잇따르면서 종교 기관에 대한 신뢰성마저 추락하고 있다. 메사이아 대학의 미국 역사학 교수, 존 페아가 이런 세태를 절묘하고 간결하게 포착한 말마따나 "우리는 지금 종교, 정치, 학계를 막론한 여러 영역에서 전문성과 권위가 타격받고 있는 시대를 살고 있는 것 같다."[4]

따라서 이제는 따를 만한 '옳음'의 포괄적 개념, 다시 말해 따르기 쉬울 만한 행복의 행로가 없다. 제도와 정부 당국에서 신뢰를 저버리자 스스로 행복을 규정하려는 사람들이 많아졌다. 행복이 삶의 목표가 되었다. 이런 모델에서의 딱 한 가지 문제는 행복이 정서적 상태이고, 그래서 변할 수밖에 없다는 점이다. 한순간 행복하다가 그다음 순간에 실의에 빠질 수 있다. 승리 규칙이 몇 분마다 바뀌는 게임에 참여하려 한다고 가정해보자. 그래도 그 게임을 하고 싶은가? 승산이 없을 것 같으니 참가하고 싶은 마음이 안 들 것이다. 해봐야 무의미하고 답답할 테니까. 사람들은 인생에서도 이런 식으로 펼쳐지는 게임을 곧잘 벌인다. 행복을 가져다줄 것 같은 목표를 좇다가 결국 이루지 못한다. 행복을 최종 목표로 삼는 것은 너무 낮은 목표일지 모른다. 행복이 목표가 아니라면 삶에 무슨 목표가 있느냐고? 그 얘기는 다른 장에서 '가치관'을 다루면서 더 자세히 알아보도록 하자.

지금은 옳은 진로 선택의 딜레마로 힘들어하는 데이브의 얘기로 다시 돌아가보자. 데이브가 그 상황을 그렇게까지 버겁게 느끼는 근원은 잘못된 선택을 내릴 경우 그것이 자신의 삶에 평생토록 실패의 오점으로 남을 것이라는 불안감이다. 이렇게 '완벽'을 기해야 한다는 압박에 짓눌리는 이유는 실수를 시간 낭비로 여기기 때문이다. 시간은 누구에게든 멈추어주지 않는다. 모든 사람에게 하루 24시간, 일주일 7일, 1년 365일이 똑같이 배정된다. 이것이 엄연한 사실이다. 어떤 사람이 몇 년에 걸쳐 어떤 일에 힘쓰다 실패하면 그 수년간의 시간, 자원, 에너지는 별 성과도 없이 사라진다. 그러면 그 실패가 내재화된다. 그래서 혹시 그렇게 될지 모른다는 생각만으로도 질겁하게 되어 실패 방지 전략이 없이는 결정을 잘 내리지 못한다. 사실, 실패 방지 전략은 어지간해선 없다. 성공을 100퍼센트 보장해줄 '옳은' 답을 찾고 있다면 그만 꿈 깨는 게 좋다. 그것은 유니콘을 찾는 격이라, 멋진 구상이긴 해도 이룰 수 없는 꿈이다. 그런 답은 존재하지 않는다. 삶에서 유일하게 변하지 않는 것은 변화 그 자체뿐이다. 모든 결정에는 언제나 위험이 따른다. 완벽한 해답을 구하는 것은 삶을 불안과 스트레스 속에서 살기에 딱 좋은 길이다.

데이브는 '잘못된' 진로 선택을 할까 봐 두려워 무기력해진 나머지 아예 선택을 안 하고 있다. 완벽을 기해야 한다는 그 암묵적 압박감에 떠밀려 이 문제를 창의적으로 '다룰' 방법을 구사한다. 이럴 때의 흔한 전략이 뭐겠는가? 지금 문제를 다루지 않고 미루거나 입 밖으로 문제를 꺼내지 않거나 문젯거리가 아닌 척 구는 것이다. 그 중에서도 가장 이름난 전략은 따로 있다. 딴 데로 관심 돌리기다. 21세기의 현대 세계에는 한눈팔 거리들이 몇십 년의 시간도 거뜬히 채워줄 만큼 넘쳐난다. 누구나 알 만한 기업인 넷플릭스의 CEO 리드 헤이스팅스도 넷플릭스의 목표는 관심의 쟁취라고 말했다. 그렇다면 넷플릭스의 경쟁자는? 잠이다.[5] 넷플릭스는 당신이 잠을 안 자길 바란다! 시스템 설계상 잠을 잘 필요가 없도록 몇 초의 카운트다운 후에 다음 에피소드나 영화가 시작된다. 의사결정의 어려움을 생각할 필요도 없이 쉽게 피하게 해준다. 그 외에도 술, 마약, 음란물 등등 관심을 돌릴 거리가 무수히 널려 있다. 이런 것들은 선택의 자유로 위장하고 있지만 속박의 사슬로 돌변해 당신에게서 최고의 삶을 빼앗아 갈 수도 있다.

'좋은' 것으로 위장한, 은밀한 한눈팔 거리들도 있다(짐 콜린스가 즐겨 한 말처럼 "좋은 것은 위대한 것의 적"이다).[6] 가족의 의무, 직장생활, 운동, 자선활동, 이타적인 베풂, 자기관리가 이런 한눈팔 거리가 될 수도 있다. 이런 일들은 그 일을 하면 안 된다고 나무랄 수 있는 사람이 거의 없기 때문에 훨씬 더 기만적이다. 본질적으로 따지면 악한 행동은 아니지만 중요한 문제와 필요성을 다루지 않으려 피할 구실로 이용될 수 있다는 게 탈이다. 자칫 최고의 삶을 살지 못하게 발목을 잡기 쉽다.

데이브의 문제는 실패에 대한 두려움이다(실패 자체보다 두려움이 문제라는 얘기다!). 진정한 삶을 살지 못하게 방해하는 두려움과 장애물은 이런 두려움만이 아니다. 거부당할지도 모른다는 두려움, 그 중에서도 특히 사회적 거부에 대한 두려움도 큰 방해 요인이다. 알다시피 인간은 심리적

습성상 관계를 맺으며 공동체에 일원으로 속하고 싶어 한다. 한 연구 결과에 따르면 뇌는 사회적 거부를 신체적 상해와 비슷한 고통으로 해석하고 느낀다.[7] '가슴이 찢어진다'는 말이 그저 단순한 비유에 그치지 않을 수도 있다. 그래서 그런 감정을 느끼지 않으려 기를 쓰며 거부와 배제로부터 스스로를 안전하게 지키려 한다. 그러다 보면 투명성이 떨어지고 취약성 감수가 부족해진다.

예를 들어, 아시아계 미국인인 나는 민족적 뿌리에 영향을 받아 '체면 손상', 거짓 겸손, 수치 같은 개념을 의식한다. 이런 개념을 의식하면 사람들 앞에서 눈에 띄게 행동하거나 생각을 분명히 전하지 못하게 된다. 로버트 닐리 벨라는 유교의 철학을 철학이나 종교 이상이라고 평한 바 있다.[8] 실제로 유교적 생활방식은 일상생활의 근간과 밀접하게 얽혀 있다. 이런 생활방식에서는 사회적 위계와 역할에 따라 저마다에게 용납되는 가치관과 기준이 엄격히 정해져 있다. 그래서 당사자가 그 가치관과 기준을 실제로 어떻게 생각하거나 느끼든 간에 반드시 이행해야 하는 특정 의무가 있다.

나의 부모님은 미국으로 이주 후에 다소 서구화되었지만 여전히 사람들의 눈을 의식하며 좋은 모습을 보여야 한다고 여긴다. 가족에게 망신을 주지 않도록 사람들 앞에서 별일 없이 잘 지내는 것처럼 보여야 한다. 나 자신이 독자적인 존재가 아니라 '더 큰 통합체'의 일원이다. 집단 사고방식은 다른 사람들에게 책임감을 갖는다는 점에서 긍정적일 수 있다. 내 행동이 가족에게 어떤 영향을 미칠지를 신중하고 사려 깊게 살피게 된다.

하지만 '흠잡을 데 없이 완벽한 것'에서 조금이라도 부족해보일 때는 솔직해지지 못하게 된다.

　이런 투명성과 취약성 감수의 부족은 아시아적 차원의 문제가 아닌 인간적 차원의 문제다. 유사한 현실에 처해 나에게 상담을 받은 사람들만 보더라도 여러 인종과 문화에 걸쳐 있는 문제다. 몇 가지 문화적 동력이 더 솔직해지지 못하도록 걸림돌로 작용한다고 지목한 연구도 있다. 그 중 하나는, 히스패닉계나 라틴계 문화에 있는 마치스모(남자다움의 과시)라는 개념이다. 분노 이외의 감정 표출은 약한 남자라는 의미로 통하니 '상남자'라면 오로지 힘과 공격성을 보여줘야 한다는 주의다. 어떻게든 갈등을 피하려는 주의로서, 원만한 관계를 의미하는 '심파시아simpatia'라는 개념도 있다. 또 아프리카계 미국인 문화에서는 심리치료를 받는 것을 아주 금기시한다. 집안에서 일어나는 사적인 문제는 집 밖으로 나가서는 안 된다고 믿는다. 제도를 불신하기도 하고 사회·경제·정치적 억압에 따라 안 좋은 일들을 겪은 탓에 자신의 괴로운 사정에 대해 상의하길 꺼린다. 아랍계 사람들은 '심리적 문제'가 있는 사람으로 낙인 찍히길 꺼려서 정서적 어려움을 상의하지 않으려는 경향이 높다. 사실대로 드러내 보이길 꺼려하는 사회적 두려움은 특정 문화에만 국한되어 있지 않은 인간의 조건이다.[9]

　나는 명색이 심리학자인데도 특정 사람들에 대한 내 진짜 감정과 생각을 잘 얘기하지 못한다. 문제의 근원은 유년기로 거슬러간다. 나는 아시아 이민자 가정에서 자라며 내 진정한 자아를 찾아 헤매는 혼란기를 겪었다. 나는 미국인인 걸까? 아니면 중국인? 대만인? 그것도 아니면 그 사이의 어디쯤에 해당할까? '어른을 공경하라'고 가르치는 아버지에게 내 의견은 중요하지 않았다. 나중엔 아버지와의 관계가 좋아지긴 했지만 아버지와 있으면 취약하게 느껴져 정말 무서웠다. '아버지는 아버지라는 이유로 언제나 옳기' 때문에 대화의 여지가 거의 없었다. 아버지는 다짜고짜 판단을 내려버리는 것 같았고 성격이 다혈질이라 감정적으로 불안하기도 했다. 혹시라도 아버지를 화나게 해서 벌 받을까 봐 몸을 사리느라 아버지가 듣고 싶어 하는 말만 하며 '불필요한' 정보는 일부러 말하지 않는 요령이 생겼다. 슬픈 사실이지만 모든 사람이 다 진심을 털어놓을 만큼 신뢰할 만하고 안전한 대상인 건 아니다. 하지만 진짜 비극이 일어나는 순간은, 그러다 자기 자신에게까지 솔직해지지 못하게 될 때다. 당신의 의견은 중요하니, 이제는 당신 자신을 중요시해라.

이 점을 명심해야 한다. 사회적 거부는 고통을 일으키지만 모든 고통이 다 나쁜 건 아니다. 고통과 불안이 개인적 성장을 낳을 때도 있다. 하지만 이런 사실을 깨닫기는 쉽지 않다. 대다수 사람들은 잠재의식적으로 고통을 나쁘기만 한 것으로 해석한다. 하지만 고통은 삶의 자연스러운 일부분이며 더 훌륭하고 더 진실된 자신이 되기 위해 고통을 받아들여야 할 때도 있다.

결론

우유부단함은 그저 당신 대신 결정이 내려지게 하는 것일 뿐이다. 의견이 없고 힘없는 사람이 되길 선택하면서 어떤 기적으로 결과가 당신에게 유리하게 바뀌길 기대하는 셈이다. 혼란이나 불안이 생각을 장악하도록 여지를 주는 것이다. 당신의 힘을 내어주는 것이다. 사실상 책임과 체면 손상을 피하려는 의도에 더 가까운데도 그런 우유부단함이 '열린 마음'이나 '착함'으로 위장될 때도 있다. 실제로는 무의식적 요인이나 사회적 요인에 현혹되어 진정성 없이 선택해놓고는 그 결정을 스스로가 내린 결정으로 믿을 때도 있다. 이제는 정신을 차리고 자신의 결정에 실제로 영향을 미치는 것이 뭔지를 알아야 한다!

앞에서 만나본 바비가 어떻게 되었는지 궁금하지 않은가? 바비는 상담을 받은 후 자신의 두려움을 알고 그 두려움을 극복해나가면서 차츰 내면에 변화가 일어나는 걸 느꼈다. 어떤 삶을 살고 싶은지에 대해 자신에게 진짜로 솔직해질 수 있었다. 한 번에 하나씩 결정을 내 것으로 만들기 시작했다. 프레임워크를 활용해 결정을 분명히 내리게 되었다.

어느 순간부터 바비의 얘기하는 태도가 달라지는 걸 보면서 나 역시 그런 변화를 감지했다. 바비는 더 허리를 쭉 펴고 앉았다. 망설임과 불필요한 사과가 줄었다. 전에는 그러지 못하더니 이제는 새로 얻은 자신감과 용기로 내 눈을 똑바로 보기도 했다. 여전히 착했지만 이제는 그 착함이 두려움이나 약함을 드러내는 징후가 아니라 정중한 대담함을 드러내는 징후였다. 자신에게 중요한 게 뭔지 알아 자신의 가치관을 반영해 결정을 내렸다. 그리고 그 당연한 덤으로, 더 행복해지면서 내면의 평온도 느끼게 되었다.

그렇지 않고, 바비가 최적의 결정을 내리는 사람이 되지 않는 방향으로 결정했다고 가정해보자. 바비의 삶은 크게 달랐을 것이다. 고통을 간과해 위태롭게 방치한 채로 이러지도 저러지도 못하는 상태였을 가능성이 다분하다. 이쯤에서 이렇게 반문하는 사람도 있을 것이다. '그게 뭐 어때서? 난 가고 싶은 식당을 얘기하며 나서고 싶지 않아. 정말로 어디에 가서 뭘 먹든 상관없다고.'

당신이 무슨 일을 하든 그 행동방식은 곧 모든 일의 행동방식이다. 당신이 내리는 삶의 소소한 결정들은 더 중요한 결정들을 내리게 될 방식을 반영한다. 우유부단함의 심각성을 얕보는 경향이 있는데, 우유부단함은 피해자가 없는 범죄가 아니다. 실제로 우유부단함이 당신에게 중요한 모든 일을 완전히 망쳐놓을 수도 있다면 어쩌겠는가? 우유부단함은 무고하고 작은 문제가 아니다. 당신이라는 존재 속에서 영혼을 앗아갈 잠재력을 쥐고 있다.

우유부단함에 못지않게 해로운 유형의 결정이 또 있다. 바로 서툰 결정이다. 다음 장에서는 서툰 결정의 특징과 원인을 살펴보자.

2장

그럼에도 왜
잘못된 결정을 내릴까?

📍 "Oops, I did it again!(아차, 내가 또!)"

이 말은 브리트니 스피어스의 노래 가사만은 아니다.[10] 많은 사람들이 똑같은 잘못된 선택을 몇 번이나 되풀이하고 나서 흔히 하는 말이기도 하다. 실수를 통해 배워 그 고통을 기억하고 다음번에 더 잘하면 된다고 여기는 것이 사람들의 일반적인 생각이지만 실제로는 자신의 실패를 떠올리는 빈도가 높은 사람들이 또 다시 실패할 가능성이 더 높다.[11] 그야말로 반직관적인 사실이다! 우리 나름으로는 실패의 고통에서 배우길 바라며 자책으로 스스로를 벌하는 것인데 그래봐야 헛수고라는 얘기가 아닌가. 대체로 자책은 자존감이 떨어지게 부채질할 뿐이며 자존감이 낮아지면 더 서툰 결정을 하게 된다. 고통의 악순환이다. 대다수 사람들의 경우, 아는 게 부족한 점이 문제가 아니다. 이 악순환을 깨닫고 벗어나지 못해 똑같은 어리석음을 되풀이하는 것이 문제다. 전에도 가혹한 대가를 겪어 봐서 결말이 어떻게 될지 뻔히 알면서도 또다시 제자리걸음을 하게 되어 탈이다.

잭의 사례를 보자. 얼마 전에 이혼을 한 잭은 두 아이의 아버지로서 많은 걸 잃을 위기에 처해 있다. 아이들을 세상 그 무엇보다 사랑하고 있는 마음을 생각하면 자녀 양육권을 얻기 위해서는 술을 입에 대지 말아야 한다. 술을 마시면 법원의 판결이 자신에게 불리하게 내려질 것이 뻔하다. 전처가 새로운 애인이 생겨 아이들을 제대로 돌보지 않고 있기까지 하다. 그런데 이런 와중에 평소에 즐겨 마시던 위스키 병으로 또 다시 눈길이 가고 만다. 고통이 너무 심하고 스트레스가 주체할 수 없는 지경이 될 때 술을 마시면 정서적 휴식을 가져다준다. 매달 내야 하는 고지서를 생각해서라도 직장에서 잘리지 않게 자제해야 하지만 고통이 짓누르면 술을 마시고 싶은 충동이 강하게 덮쳐온다. "딱 한잔은 괜찮지 않을까. 한 잔 마시며 휴식시간을 좀 가질 만도 하잖아. 오늘 벌써 열두 시간을 일했으니 편히 긴장을 풀고 싶어." 잭은 자신도 모르는 사이에 한 병을 다 비우고는 필름이 끊긴 채 바닥으로 쓰러진다. 매번 안 그러겠다고 다짐하면서도 그 다짐과는 다르게 행동하게 된다. 술을 마실 때는 자신이 미워지지만 또다시 술을 입에 대고 만다.

앞 장에서 우유부단함에 대해 얘기하며 사람들이 선택 앞에서 무기력해지는 이유 몇 가지를 짚어봤다. 하지만 우유부단함만이 사람에게 해로운 것은 아니다. 서툰 결정 역시 미래를 망칠 수 있다. 이런 결정은 자칫 경솔한 처신이 되기 쉽다. '됐어, 이놈의 직장 내가 때려치우고 만다' 식으로 굴게 된다. 이렇게 분통을 터뜨리고 사장을 욕하며 5분 정도 만족감을 즐기다가 나중에 이전 고용주에게 추천장이 필요한 때가 되면 그때의 결정을 땅을 치고 후회하게 된다. 이런 식의 경솔한 결정은 감정으로 불이 확 붙여지기도 한다. '기분이 좋은 걸 보니 진짜인 게 틀림없어. 그렇다면 진정한 나는 그 기분에 따라 행동해야 해.' 이런 결정은 언제나 '기분이' 좋다. 단, 현실에 한 방 먹고 나서 더 나쁜 상황으로 내몰리기 전까지의 한동안에 그칠 테지만.

서툰 결정의 더 극단적 사례는 너무 절망스러운 나머지 자살만을 유일한 출구처럼 여기게 되는 사람들이다. 케빈 하인스와 켄 볼드윈은 금문교에서 뛰어내리자마자 몸이 떨어지고 있는 바로 그 순간에 자신의 결정을 후회했다. 두 사람은 목숨을 건져 그 얘기를 들려주게 되어 그나마 운이 좋았다.[12] 하지만 이 다리에서 자살을 시도했던 다른 이들은 이런 운이 따라주지 않았다. 어쨌든 두 사람은 목 아래로 전신이 마비된 상태이긴 하지만 아직 살아 있다. 《뉴잉글랜드 의학저널New England Journal of Medicine》에 따르면 전체 자살 시도 중 무려 33~80퍼센트가 충동적이며, 자살을 시도했다가 죽지 않고 깨어난 사람들의 90퍼센트가 그 뒤로는 자살 시도를 하지 않는다.[13] 고통이 그만 멈추거나 문제가 사라지길 바라는 마음이 아무리 간절해도 자살은 해답이 아니다.

한편 잘못된 걸 알면서도 못 벗어날 것 같은, 서툰 결정들도 있다. 브루스의 사례를 보자. 브루스는 겉으로 보기엔 모든 것을 가진 남자이다. 사랑스러운 아내와 결혼해 예의 바른 두 아이를 두고 있고, 수익성 좋은 사업체를 몇 개 거느리고 있는 데다 자기 소유의 근사한 집에 살고 있고 함께 어울려 다니는 친한 친구들도 있다. 아메리칸 드림을 이룬 대단한 인물로 여겨지며 사람들에게 존경을 받는다. 하지만 브루스에게는 몇 사람만 알고 있는 은밀한 삶도 있다. 며칠에 한 번씩 분위기에 휩쓸려 오랜 친구들과 파티를 벌이는데 가볍게 마시고 말려고 시작한 음주가 나중엔 폭음과 코카인으로 이어지고 만다. 브루스는 오랜 친구들과 어울릴 때면 '화끈하게 노는 재미있는 친구'가 되어야 한다는 강박감을 느끼고, 그렇게 파티를 즐긴 뒤에는 숙취로 다음 날 하루를 그냥 날리게 된다. 아내로선 남편이 그럴 때마다 화가 머리끝까지 나서 이제 몇 번만 더 잘못된 결정을 내렸다간 이혼으로 갈 수도 있을 만큼 결혼생활이 위태로운 지경이다. 사실, 브루스는 치열한 노력 끝에 성공했지만 삶에 뭔가 빠진 듯한 허전함을 여전히 떨치지 못하고 있다. 파티는 이런 목마른 욕구를 채우려는 나름의 시도지만 그렇다고 공허감이 해소되는 건 아니다. 바람 같아선 성실한 모습을 보여줘 가족에게 롤모델이 되고 싶지만 도저히 이 나쁜 버릇을 끊을 수 없을 것 같다. '벗어나려' 기를 써봐도 오히려 좌절감과 공허감만 더 커질 뿐이다.

 잭과 브루스 모두 이런 습관이 자신에게 안 좋다는 걸 안다. 그리고 악순환에서 벗어나고 싶어 한다. 그런데도 결국 똑같은 길에 이르고 말 나쁜 결정을 되풀이하고 있다. 이 정도로 심각하진 않겠지만, 이것은 우리의 이야기이기도 하다. 우리는 누구나 다 나쁜 습관을 가지고 있다. 건강에 안 좋다는 걸 알면서도 계속 하는 행동이 있다. 『잠언』 26장 11절의 구절에서 설명하고 있듯 "개가 그 토한 것을 도로 먹는 것 같이 미련한 자는 그 미련한 것을 거듭 행한다." 이제는 중독이라고 부를 만한 상태라 도저히 하지 않고는 못 배길 정도인데 그럼 어떻게 하느냐는 사람도 있을 것이다. 내가 이 대목에서 말하려는 핵심은 중독, 생물학적 요인, 뇌에 미치는 영향 같은 문제의 최소화가 아니다. 어느 시점에 이르면 이유는 더 이상 의미가 없어지는, 엄연한 현실을 강조하려는 것이다. 당신이 서툰 선택에 대해 아무리 타당한 이유를 댄다고 해도 결과는 이유가 뭐든 괘념치 않는다. 이유와 상관없이 여전히 당신은 대가를 치러야 한다.

사람들은 왜 나쁜 결정을 내릴까? 이 장에서는 이 중요한 의문에 대한 여러 가지 답을 알아보자. 이 의문에는 단 하나의 포괄적인 답이 없다. 서툰 결정은 맥락에서나 심리적으로나, 여러 요인에 따라 생겨난다. 지금부터 가장 주된 요인들을 쭉 열거해볼 테니 읽어나가면서 공감이 가는 원인들을 찾아보기 바란다. 각성은 변화를 위한 첫걸음임을 잊지 말자.

심리적 필요성

모든 사람에게는 저마다의 필요성이 있다. 그 중엔 아주 중요한 일을 행하기 위해 반드시 충족시켜야 할 타당한 필요성도 있고 이롭기보다 해를 끼치는 가짜 '필요성'도 있다. 가짜 필요성은 서툰 결정을 부추긴다. 나는 클레머앤어소시에이츠Klemmer and Associates의 리더십 개발 훈련을 받던 중이 '필요성'에 대해 배웠고 덕분에 다른 관점을 얻었다. 이번엔 내가 당신에게 그 필요성에 대해 알려주고 싶다. 브라이언 클레머에 따르면 사람들을 곤경에 빠뜨리는 세 가지 심리적 필요성은 다음과 같다.[14]

1. 옳아야 할 필요성: 반격의 말을 쏟아내도록 충동질하는, 강하고 끈질긴 본능적 끌림이다. 말하자면 상대에게 자신이 맞고 당신이 틀렸다는 것을 납득시키거나 증명해야 할 필요성이다. 이것은 해로운 자존심이다. 때로는 자신이 맞다는 걸 아는 것만으로는 성에 차지 않을 때가 있다. 자신이 맞다는 걸 다른 사람들이 인정해주길 바란다. 대다수의 입씨름과 다툼의 핵심에는 바로 이런 심리가 있다. '내가 맞고 다른 답은 없어.' 옳아야 할 필요성은 지금까지 여러 우정을 깨뜨리고 이혼을 불러왔을 뿐만 아니라, 심지어 세계대전까지 촉발했다. 배우자나 친구와 싸워서 며칠간 말도 하지 않기로 결심했다가 나중엔 왜 싸웠는지도 잊어버렸던 적이 없는가? 이는 자신이 옳음을 주장하려는 우리의 내재적 갈망에 떠밀리다 관계를 그 대가로 치르는 셈이다.

2. 좋은 인상을 보일 필요성: 맞다. 허영이라고 말할 수도 있지만 해로운 자존심의 또 다른 표출이다. 사람들 앞에 나가 말하는 걸 죽기보다 더 무서워하는 사람들이 있다. 왜 그럴까? 바보처럼 보이기 싫은 마음 때문이다. 사회적으로 반감과 거부를 사지 않을까 하는 두려움이 너무 커서 좋

은 인상을 얻기 위해 진짜 마음에도 없는 이런저런 선택을 하게 된다. 소셜미디어에는 이런 사례들이 넘쳐난다. 사람들은 남들에게 좋은 인상을 주고 싶은 마음에 사진들을 올리면서 딱 봐도 포토샵으로 보정한 가짜 이미지를 올리기까지 한다!

좋은 인상을 보이려고 하다 보면 진짜 자신으로서의 생생한 인상을 주지 못한다. 티모시 켈러가 썼듯 "상대가 나를 좋아하긴 하지만 제대로 모르는 관계는 안도감은 줄지언정 깊이가 없다. 상대가 나를 잘 알지만 좋아하지 않는 관계는 사람을 아주 초조하게 한다. 하지만 제대로 알아주고 진정으로 좋아해주는 관계는, 뭐랄까 신에게 사랑받는 것과 흡사하다. 바로 이런 관계가 우리에게 가장 필요한 관계다. 우리를 가식에서 해방시키고, 겸허해져 독선에서 벗어나게 해주며, 삶이 던져줄 만한 그 어떤 난관에도 굳세게 해준다."[15]

우리는 누구나 있는 그대로의 자신을 알아주고 사랑해주길 원하면서도 사람들이 자신의 진짜 모습을 알면 거부하지 않을까 하는 생각에 죽을 만큼 초조해하기도 한다. 그래서 자신을 드러내길 꺼리다가 꽁꽁 가려진 삶을 살아가는 듯한 느낌이 일어나게 된다.

3. 3R, 즉 분개심Resentment, 반발심Resistance, 복수Revenge의 악순환: 우리는 사람들이 마음을 상하게 할 때마다 이 파괴적인 악순환에 뛰어든다. 이 악순환은 정의 실현을 위한 타당한 필요성에서 비롯되지만 그 표출 방식이 해롭다는 것이 문제다. 예를 들어 한 직원이 회의에서 상사에게

굴욕을 당하는 상황을 가정해보자. 이 직원은 분통이 터지지만 밥줄이 끊길까 봐 할 말을 참는다. 그러다 무의식적으로 차츰 집중이 안 되면서 일에 마음을 붙이지 못하게 된다. 그 상사를 피할 궁리를 하게 되고, 상사와 마주칠 때마다 시선을 피한다. 시간이 지나면서 분개심은 점점 커지고 상사를 나쁜 사람으로 여길 만한 점이 자꾸 눈에 들어온다. 그러던 어느 날 가까운 거리의 골목길에서 상사가 강도를 당하는 모습을 보게 된다. 그 순간 경찰에 신고하는 게 아니라 '저렇게 당해도 싸지. 드디어 벌을 받는 거야' 하는 생각이 들어 반대길로 돌아서 간다. 이후 상사가 심각한 부상을 입었다는 사실을 알자 죄책감에 휩싸이며 자신이 어떻게 그렇게 인정머리 없는 사람으로 돌변했는지 의아해한다. 의식적이거나 무의식적인 상태에서 이런 식의 정의를 내세우면 삶이 3R로 재편성되면서 부정적으로 흘러가게 된다.

에로스와 타나토스

이 외에도 서툰 결정을 내리도록 부추기는 내면의 요인들이 더 있다. 지그문트 프로이트는 사람에게는 생의 본능(에로스)과 죽음의 본능(타나토스) 모두가 있다는 이론을 세운 바 있다.[16] 과학적으로 뒷받침해주는 증거는 별로 없지만 그래도 내적 갈등을 아주 잘 특징지어주는 개념이다. 프로이트의 가설에 따르면 사람에게는 목숨을 이어가며 쾌락을 추구하고 번식하도록 자극하는 생의 본능이 있다. 우리가 일상적으로 인식하는 이런 생의 본능은 자기보호를 내세워 '이기적'으로 굴도록 충동질한다.

프로이트는 주로 잠재의식적으로 죽음에 이끌리는 그 반대의 힘을 제시하기도 했다. 이 힘은 경우에 따라 타인들에 대해 파괴적인 성향(공격성이나 폭력성 등)을 띠거나 자신에게 해를 입힐 만한 형태(과음, 난잡한 성관계, 난폭 운전, 자살 등)로 나타날 수 있다. 죽음의 본능은 힘든 시기일수록, 다시 말해 고통과 괴로움 속에 살아야 하는 현실에 놓일수록 특히 더 힘을 발휘한다. 이런 죽음의 본능은 전 세계의 모든 종교와 존재론적 철학에서 보편적으로 이야기하는 주제다.

솔직히 말해, 나도 스트레스가 심한 순간엔 그냥 삶이 끝나버리면 얼마나 편안할까, 하는 생각이 머리를 스친다. 그러니 우울증을 앓으며 자살 생각에 시달리는 사람에게 죽음의 본능이 얼마나 더 심할지는 충분히 상상할 만하다. 이런 본능이 무의식적으로 서툰 결정을 내리도록 유도할 수도 있다. 이 대목에서 60세의 환자, 몰리가 생각난다. 거의 평생에 걸쳐 우울증과 당뇨병 진단을 받고 살아온 몰리는 정말로 죽고 싶지는 않았지만 정말로 살고 싶지도 않아 했다. 죽음의 본능을 따르는 그녀 나름의 방식은 인슐린 복용의 중단이었다. '갈 때가 된 거라면 그냥 가지 뭐' 하는 식으로 생각했다.

가정적인 미래

인간에게는 기회주의적인 경향이 있다. 더 나은 전략을 세워 행동을 최적화하려는 속성이 있다. 이런 속성에 따라 자신의 결정을 예측하거나, 다른 미래나 가능성을 상상하기도 한다. 샥터 등의 연구진은 삽화적 미래 사고episodic future thinking라는 용어로 "자신의 개인적 미래에 일어날 수 있는 일들을 상상하거나 시뮬레이션할 줄 아는 능력"에 대해 설명한 바 있다.[17] 샥터는 또한 과거의 경험과 개념을 이용해 미래를 시뮬레이션하는 건설적 삽화 시뮬레이션 가정constructive episodic simulation hypothesis을 제시하기도 했다.[18] 말하자면 우리의 뇌는 현재의 결과보다 더 나은 결과를 상상한다는 얘기나 다름없다.

이것은 뇌가 사실이 아닌 환상에 근거해 더 나은 결과를 제시할 때 큰 문제가 된다. 기억은 변하기 쉬워서, 사람들은 이런저런 일들을 인과관계가 틀리거나 잘못 연결된 상태로 기억하기 십상이다. 내 경우에, 솔직히 나는 가끔 전 여자친구들을 떠올리며 뜬금없는 생각을 한다. 지금 어떻게 지내고 있을지, 만약에 지금의 아내가 아닌 그들과 결혼했다면 내 삶이 어땠을지 궁금해한다. 내가 아내를 정말로 사랑하고 있고 아내가 아닌 그 누구와도 함께할 마음이 없다는 사실을 감안하면 터무니없는 생각이다! 하지만 '더 나은 삶'에 대해 생각하는 이런 환상이 내 무의식에 남아 있다면 내가 자칫 부정확한 정보를 근거로 결정을 내리는 바람에 더 안 좋은 상황에 빠질지도 모를 일이다. 실제로 중년의 위기에서 20대 비서와 살기 위해 아내와 이혼한 후에 나중에 가서 후회하는 남자들의 얘기를 주변에서 흔하게 듣게 된다.

　사람들은 미래를 잘 예측하지 못한다. 그 바람에 '만약 ……라면 어쩌지?' 하는 두려움에 근거해 좋지 않은 결정을 내리게 될 때가 많다. 심리학자 댄 길버트와 팀 윌슨이 사람들이 뭔가 좋거나 나쁜 일이 생기면 기분이 어떨지 예측하는, 이른바 감정예측affective forecasting의 경향을 연구한 결과에서도 사람들이 대체로 틀리게 예측하는 것으로 나타났다.[19] 좋은 일은 좋은 기분이 오래가지 않고 나쁜 일도 안 좋은 기분이 오래 가지 않는 것이 일반적이다. 그 흔한 사례가 로또 당첨자, 사고 후유증으로 몸에 마비가 온 사람, 종신 재직권을 얻은 조교수 들이다. 이들 모두 비교적 짧은 시간 후에 행복도가 일반적인 수준으로 되돌아온다. 문제는 많은 사람들이 어떤 특정 사건이 어떤 기분을 일으킬지에 지나치게 신경을 쓰며 중요한 결정을 내리지 않으려 한다는 것이다. 머릿속으로 최악의 시나리오를 그리며 그 일이 이미 일어난 것처럼 반응하는 사람들도 많다. 우리는 자신의 행동이 상황을 망치면 얼마나 끔찍할지 생각하는 데 골몰한다. 때로는 사랑하는 사람에게 자신의 진실을 털어놓았다간 돌이킬 수 없을 만큼 끔찍한 결과가 일어날 거라고 생각하기도 한다. 그런데 미래를 예측하는 우리의 재주가 아주 형편없다면 중요한 결정을 이런 예측에 근거해 내려도 괜찮을까? 아닐 것이다.

자기파괴

자기파괴는 의식적으로나 무의식적으로 스스로를 성공의 경로에서 탈선시키기 위해 행동할 때 일어난다. 따라서 책임이 다름 아닌 자기 자신에게 있다. 자기파괴 행위는 스스로에게 해를 주기 위해 일부러 좋지 않은 선택을 하는 것과 같다. 흔히들 하는 말로 '나 자신이 나의 최대의 적'이 되는 것이다. 그런 일이 별로 없다고? 정말 그럴까? 우리는 스스로에게 쓸데없이 비판적인 태도를 취해 친구들을 대할 때보다 두 배는 더 못되게 군다. 내 내담자들 중 상당수도 이런 식의 반직관적인 자기파괴를 겪는다. 이들은 좋은 결정을 내리며 이제는 좀 잘되어가는가 싶다가도 결국엔 일을 엉망으로 그르칠 행동을 저지른다. (이 장을 시작할 때 만났던) 잭을 생각해보자. 잭은 마침내 금주를 지속하며 직장에서 승진 후보로 추천까지 받았다가 면접 전날 밤에 취하도록 술을 마시고 만다. 남 얘기 같지 않다고? 여기서 던져봐야 할 질문은 '왜?'다. 이성적이고 행복을 바라는 사람이 도대체 왜 자신이 잘되는 걸 막는 걸까? 더군다나 왜 사람들은 스스로 불행을 자초해서 순탄하던 관계를 망치고, 일자리를 잃고, 자신에게 소중한 모든 것을 잃고 마는 걸까?

확실히 이 문제는 심리적으로 복잡한 문제라 간단하게 답할 수가 없다. 내가 그간 숱한 내담자들을 상담하며 관찰한 바에 따르면 사람들이 종종 자멸적 행동을 벌이는 이유를 설명해줄 만한 몇 가지 경향이 있다.

성공에 대한 무의식적 두려움: 성공은 겉으로 보기엔 멋져 보이지만 거저 누리는 게 아니다. 사람들은 성공하고 싶다고 말은 하지만 언제나 말과 행동이 일치하는 건 아니다. 내가 즐겨 하는 말처럼 '옆집의 잔디가 더 푸르다면 틀림없이 그 집은 수도세가 더 많이 나올 것이다.' 달리 말하자면 '물을 주는 쪽 잔디가 더 푸르른 법이다.'

당신에게 성공의 의미가 뭔지 생각해봐라. 상당수 사람들은 돈, 성취, 인지도, 남들의 인정을 더 많이 얻는 것을 성공이라고 여길 것이다. 성공은 행복의 필수 요소인 것 같지만 성공에는 대개 더 많은 책임, 더 무거운 부담, 더 심한 스트레스가 수반된다. 땅이 늘어나면 토지를 관리하기 위한 잠재적 골칫거리들도 그만큼 늘기 마련이다. 잃을 것도 더 많아진다. 충분히 성공하면 갈망하는 그 행복과 평화가 올 것이라고 흔히들 믿지만 오히려 그 반대인 경우가 허다하다. 성공한 사람일수록 손에 넣은 그 성공을 잃을까 봐 걱정과 병적인 의심을 더 많이 짊어지고 산다. 배우 짐 캐리도 이런 말을 했다. "누구든 부자가 되고 유명해지고 꿈꾸는 모든 걸 이뤄보면 그것이 답이 아니라는 걸 알 수 있을 거예요."[20] 때때로 두려움과 불안은 성공에 동반되는 부담을 피하기 위해 그 성공을 끝장내는 행동을 유도한다. 사람에 따라 치열한 경쟁에서 벗어나기 위해 성공을 거부하며 일부러 실패하기도 한다.

어떤 면에서 보면 사람들이 성공을 두려워하는 이유는 자신의 최대한의 능력을 드러내기가 어색하고 두렵기 때문이다. 작가 마리안느 윌리암슨은 다음과 같은 명언으로 이 점을 잘 담아냈다.

가장 큰 두려움은 자신이 못난 사람이면 어쩌나가 아니다. 자신에게 가 늠할 수 없는 큰 능력이 있을까 봐 그것을 가장 겁낸다. 자신의 어둠이 아니라 빛을 가장 두려워하며 스스로를 의심한다. '내가 뭐라고 훌륭하 고 뛰어나고 재능 있고 멋진 사람이 될 수 있겠어?' 그런데 당신이 어 떤 사람인데 그렇게 될 수 없단 말인가? 당신은 신의 자녀다. 소심하게 굴면 세상에 도움이 되지 않는다. 남들이 당신 옆에서 불안감을 느끼지 않게 움츠리는 것은 현명한 일이 아니다. 아이들이 그렇듯 우리는 모두 빛나야 하는 존재다. 스스로의 빛을 발하는 순간 자신도 의식하지 못하 는 사이에 다른 사람들에게도 빛을 발할 수 있게 해준다. 우리 자신의 두려움에서 벗어나면 우리의 존재 자체로 절로 다른 사람들까지 자유 롭게 해준다.[21]

진정성을 받아들이면 바로 이런 저력이 펼쳐진다. 자신을 파괴하지 않 는 선택을 해서 진정으로 성공할 수 있게 된다.

결손과 실패를 정상으로 여기기: 자신이 받은 상처를 대물림하는 양육 자에게 상처를 받으며 자라는 사람들이 많다. 이런 상처는 '방치'부터 '트 라우마적 학대'까지 다양하다. 이런 유년기를 겪은 사람들은 대체로 그런 경험을 '정상'으로 여긴다. 이런 결손에 익숙해져 이와 같은 스트레스 요 인 속에서 생존하는 법을 터득한다. 말하자면, 건강치 못한 관계 속에서 도 스스로는 통제할 수 있다고 착각한다. '나는 나쁜 행동에 익숙해 잘 대응할 줄 안다'고 여기기 때문이다. 동일한 사람이 건전한 사람이나 상황에 마주하면 '기분이 이상해진다.' 그동안 몰랐던 새로운 괴로움을 느낀다. 통제력을 잃은 듯한 기분에 빠진다. 그들은 무의식적으로 유해한 사람들과 사귀거나 친하게 지내며 건전한 사람들을 밀어내고 다시 익숙한 상황으로, 대개는 해를 입게 되는 상황으로 다시 돌아간다. 아일랜드의 속담처럼 "모르는 악마보다 아는 악마가 더 낫다"[22]는 식이다. 더 나은 기회를 만드는 게 아니라 미지의 세계에 대한 두려움으로 사람들을 밀어내면서 고통을 무릅쓰고 익숙한 결손으로 돌아가는 것이다.

자기애와 인정의 결핍: 자기파괴적 행동은 자기혐오가 원인이 될 수도 있다. 안 좋은 일을 겪으며 자책감에 빠지게 되면 '아무래도 좋아질 가망이 없는' 듯한 기분에 일상적으로 젖어든다. 이렇게 자꾸만 자신을 모자란 사람처럼 느끼다 보면 '나 같은 시시한 인간은 좋은 것을 누릴 가치도 없다'는 식의 메시지가 마음속에 각인된다. 이런 식의 결론을 내는 이유는 조화가 절실히 필요하기 때문이다. 다시 말해 내면의 느낌과 외부의 현실을 일치시키는 것이다. 부조화가 생기면 조화를 되찾기 위해 뭔가를 바꿔야 한다. 이를테면 건강한 자아감을 가진 소년이 "넌 머저리야"라는 말을 듣는다고 해보자. 소년은 이 악담에 마음의 상처를 받긴 하지만 스스로에게 이렇게 말할 수 있다. "맞는 말이 아니야. 가만 보니 저 여자애가 심술 맞아서 저런 소릴 하는 것 같아." 소년의 자아인식이 긍정적인 덕분에 여자아이의 부정적인 말은 소년의 내적 현실과 일치하지 않았다. 소년은 그런 외부의 부정적 피드백을 사람을 불쾌하게 만드는 성격 때문이라는 결론을 내린 후 그 여자애와 더 이상 어울리지 않는다. 이 소년이 빈약한 자존감을 가졌다면 머저리라는 욕을 듣고 감정적으로 받아들이기 마련이다. 이미 스스로에 대해 느끼는 불안감을 그 말이 들쑤셔놓아 감정적 고통이 오래 이어지게 된다. 자신을 사랑하지 않는 사람들은 긍정적 경험을 오래 즐기지 못하기도 한다. 외부 현실이 자신의 바람직하지 못한 자아감과 일치하지 않기 때문이다. 무의식적으로 일어나는 자기파괴적 생각과 행동은 내면의 세계와 일치하는 부정적 성향을 끌어낸다.

불편함의 회피: 즉각적인 만족을 바라며 불편함을 피하면 서툰 결정을 내리기 쉽다. 나에게 상담을 받은 내담자 중에 다이애나라는 여성이 있었다. 커리어에서 꽤 성공을 거둔 다이애나는 회계감사 업체에서 관리자로 일하며 경제적으로 풍족한 생활을 했다. 다만, 건전한 결정을 하지 못하는 점 때문에 고민이었다. 집에 오면 어영부영 낭비하는 시간이 많았다. 둘이 함께 그녀의 삶을 꼼꼼히 살펴보다 보니 그녀는 불편함이 드는 일은 뭐든 피하고 있었다. 말 그대로 불편한 일은 뭐든 다 하지 않으려 했다. 탁자에는 우편물이 수북이 쌓여 있고, 싱크대는 접시들로 넘칠 정도였다. 그녀는 '일은 회사에서 지겹게 하고 왔으니 나중에 치우자' 생각하고 스스로를 정당화했고, 결국 남자친구는 보다 못해 짜증을 냈다. 잠시 눈을 붙이거나 소셜미디어를 쭉 훑으면서 미루기 일쑤였다. 운동은 하지 않고, 정크푸드를 먹는 이유도 그 편이 쉽고 편해서였다. 그녀의 논리적인 뇌에

서는 철 좀 들라고 타이르는데도 자신을 위해 좋은 결정을 잘 내리지 못했다.

서툰 결정은 감정을 적절히 처리하지 못해 내려진 결정인 경우가 많다. 다루기 힘든 일들은 대체로 무력감과 불안 같은 괴로운 감정을 일으킨다. 그런 감정이 드는 이유를 제대로 짚어보지 않으면 더 '격한' 행동이 불편함을 피하기 위한 기본값이 된다. 실제로 화를 냈다가 감정이 가라앉고 난 뒤에 그때 했던 말이나 행동을 후회하는 사람들이 한둘이 아니다. 감정에 따라 살고 행동하는 것이 '진짜 나'로 사는 것이라는 생각은 잘못된 통념이다. 감정을 진정성의 유일한 지침으로 삼는 건 고대 인도의 '장님과 코끼리' 우화와 다를 바 없다. 여섯 명의 장님 모두가 코끼리의 특정 부위(거친 코, 붓 같은 꼬리, 퍼덕거리는 귀, 매끄러운 엄니 등)만을 만지며 그 부위를 토대로 이 동물의 전체 모습을 묘사하는 격이다.[23] 이 얘기가 익살스러운 이유는 모든 장님이 각자 만지고 있는 부위에 대해서는 맞지만 코끼리를 부정확하게 이해하고 있기 때문이다. 감정은 방정식의 한 부분일 뿐이다. 아주 중요한 부분이라 5장에서 따로 중점적으로 다루긴 할 테지만 아무리 그래도 최적의 결정을 내리기 위해서는 감정만으론 부족하다.

손실에 대한 두려움: 사람들은 위험을 회피하는 경향이 있어, 결정을 내릴 때도 손실을 최소화하는 방향으로 기울게 된다. 이런 면에서는 원숭이와 똑같다. 어느 연구에서 꼬리감기원숭이에게 손실을 회피하려는 본능이 내재되어 있다는 사실을 발견했다. 실험 중 한 원숭이에게 사과 조각

과 교환할 토큰을 주었다. 원숭이가 토큰을 여성 실험자에게 주면 이 실험자가 원숭이에게 사과 한 조각을 주기로 되어 있었다. 토큰을 남성 실험자에게 줄 경우에는 사과 두 조각을 보여주면서 접시에서 한 개를 뺀 후 원숭이에게 한 개의 사과 조각을 주기로 했다. 이를 지켜본 다른 원숭이들이 보기엔 두 실험자 모두 토큰 한 개당 사과 조각 한 개씩만 주는 것이었다. 따라서 논리적으로 따지면, 이 원숭이들로선 토큰을 사과 조각으로 바꿔줄 실험자가 누구든 상관없어야 마땅하다. 안 그런가? 그런데 실제 실험 결과는 그렇지 않았다. 79퍼센트의 원숭이가 토큰을 교환할 상대로 여성 실험자를 선택했다![24] 우리 인간 역시 그것이 객관적으로 타당하지 않더라도 주관적인 손실에 따라 이런 식의 결정을 내리는 경향이 있다.

　사회심리학에서는 필요한 위험을 감수하지 못하게 막는, 인간 특유의 경향을 몇 가지 밝혀냈다. 사람을 이성적이기보다 비이성적으로 내모는 이런 인지편향 가운데 대니얼 카너먼 등의 연구팀이 주력한 몇 가지를 소개하자면 먼저 소유 효과Endowment Effect라는 게 있다. 소유 효과는 자신이 이미 가지고 있는 것을 비이성적으로 과대평가하는 경향을 가리키며 이렇게 과대평가를 하게 되는 이유는 소유물에 대한 정서적 애착 때문이다. 사실, 사람들이 소유물을 잃을 때 느끼는 고통은 그 소유물을 처음 손에 넣었을 때의 기쁨보다 강도가 두 배인 경향이 있다. 카너먼의 연구팀이 실험 참가자들을 구매자군과 판매자군으로 나누어 진행한 실험 결과에서도 그러한 예가 확인되었다. 연구팀이 판매자군에게 커피 머그잔을 주며 팔고 싶은 가격을 매겨달라고 해봤더니 구매자군이 인지한 머그잔의 가치에 비해 훨씬 높은 가격을 책정한 것으로 나타났다.

프레이밍 효과Framing Effect라는 것도 있다. 내포된 메시지는 두 틀 다 똑같은데도, 해당 상황이 긍정적인 틀로 표현되면 부정적으로 표현된 경우에 비해 위험의 감수에 더 호의를 보이는 경향이다. 예를 들어, 사람들은 100명 중 10명이 생명을 잃을 위험의 제시 대신 100명 중 90명을 살릴 기회의 제시를 지지하거나, 비유효율 5퍼센트의 콘돔보다 유효율 95퍼센트의 콘돔 사용을 더 좋게 보는 경향이 있다. 이와 관련해서는 나이가 들수록 프레이밍 효과가 커져서 전반적으로 위험 회피 성향이 점점 강해진다는 점이 흥미롭다.

마지막으로 살펴볼 것은 전형적인 손실 회피 성향으로, 같은 가치의 대상에 대해 그것을 얻으려는 동기보다 잃지 않으려는 동기가 더 강한 경향을 말한다. 이 경향도 소유 효과와 비슷해서, 사람들은 똑같은 대상이라고 해도 그것을 잃는 심리적 고통을 얻는 기쁨에 비해 두 배로 강하게 느낀다.[25] 한 예로, 트발스키와 카너먼의 실험 결과가 있다. 두 사람은 실험 참가자들에게 동전 던지기 내기 수락에 대한 선택권을 주며 동전의 뒷면이 나오면 100달러를 잃지만 앞면이 나오면 200달러를 얻게 된다고 말해주었다. 확률적 승산은 50 대 50이었지만 참가자들은 이길 확률이 1.5~2배 높아야 내기를 수락하겠다고 답했다.[26]

사람들은 손실 가능성이 있으면 아주 비이성적이 된다. 우리의 뇌는 이득의 가능성이 있는 경우에도 있음직한 손실을 막아내도록 프로그램되어 있다. 어떤 변화든 무조건 '나쁜 것'으로 해석하며 조심하는 것 같다.

버트 랜스도 말하지 않았던가. "고장 나서 못 쓸 정도가 아니라면 고치지 말고 그대로 쓰라"라고.[27] 사람들은 상황이 나빠지는 걸 바라지 않는다. 바로 이런 심리 때문에 변화가 생길 만한 결정을 내리지 못하는 것이다. 그 변화가 좋은 것인 경우조차도! 불편함을 피하며 산다고 해서 편안함이 보장되는 건 아니다. 어딘가 고장이 났을 때는 고치는 데 너무 큰 대가가 따를 수도 있다. 위험의 감수 없는 삶이 다다를 종착점은 평범함과 불만족이다.

결론

지금까지 살펴봤다시피, 사람들이 서툰 결정을 내리는 이유는 여러 가지다. 그 중엔 의식적인 이유도 있지만 대다수가 주로 무의식적으로 일어나는 이유다. 더 이상 서툰 결정을 내리고 싶지 않다면 가장 먼저 이런 무의식적 이유를 의식적인 이유로 바꿔야 한다. 의식을 해야 한다. 보이지 않는 '괴물'을 우리 마음속에서 무찌를 수는 없다. 이 괴물이 대체로 위압적이고 무서워 보이는 이유는 우리의 상상이 '최악의 시나리오'를, 그것도 대개 사실무근인 시나리오를 만들어내기 때문이다. 무의식 속에서 우리를 훼방 놓는 이 괴물을 찾아내 의식으로 데려오면 제대로 대처할 승산이 있다. (만약이 아니라) 실제로 또 다시 서툰 결정을 내리더라도, 최적의 결정을 향해 큰 걸음을 떼려면 그것이 '의도적으로' 내린 결정이어야 한다. 더는 우발적으로 결정을 내리지 말자. 돌발적 결정을 줄이자. 할 거라면 확실히 하자. <스타워즈> 속의 현자 요다의 말처럼 "하거나 말거나 둘 중 하나일 뿐, 해보기만 하는 건 없다." 이제부터는 서툰 결정이 그냥 일어나게 해서는 안 된다. 의식적 결정을 내리는 것, 그것이 우리의 목표다. 이제는 우리 자신이 힘을 쥐고 주의 깊은 결정자가 돼야 한다.

잊지 말자. 서툰 결정을 내리게 되는 것은 도덕적 결점이나 성격적 결함 때문이 아니다. 기술 부족이 문제다. 서툰 결정을 내리는 사람들을 두고 나쁜 사람으로 여기는 경우가 많다. 나쁜 일은 그런 일을 당해도 싼 사람들에게만 일어난다고 여기며 인과응보니 하는 말을 들먹이기도 한다. 나는 그렇지 않다고 생각한다! 좋은 일은 착한 사람들과 나쁜 사람들 모두에게 일어난다. 나쁜 일도 착한 사람들과 나쁜 사람들 모두에게 일어난다. 착한 사람들 역시 실수를 한다! 여러 연구자들이 밝혀낸 사실이듯, 우리의 결정 대부분은 무의식적으로 일어난다. 어떻게 보면, 우리가 의도적으로 결정을 내리지 않는 한 모든 결정은 다 자동조정 모드에서 내려진다. 때로는 서툰 결정이 의식하지 않은 상태에서 내려질 수 있다는 얘기다. 서툰 결정을 내린다고 해서 우리가 나쁜 사람이 되는 건 아니며, 나쁜 일을 당해도 싼 것도 아니다.

오히려 서툰 결정은 우리가 더 잘할 가능성이 있음을 의미한다. 그리고 더 잘 알수록 더 잘할 가능성이 높아진다. 아동심리학자 로스 그린 박사는 "아이들은 할 수만 있으면 잘한다"는 철학을 가지고 있다.[28] "학교 성적에서 올A를 받는 게 좋아, 올F를 받는 게 좋아?" 내가 지금까지 수백 명의 아이들에게 던져본 질문인데 여기에 "F 받을래요!"라고 대답한 아이는 본 적이 없다. 아이들은 모두 좋은 성적을 받고 싶어 한다. 그런데 왜 그렇게 되지 못할까? 그 근원을 철학적으로 파헤쳐보면, 아이들이 잘되지 못하는 것은 격차나 부족한 기술에 막혀 이루고 싶어도 이루지 못하기 때문이다. 이 말은 나쁜 결정에도 똑같이 해당된다. 최적의 결정을 내릴 기술이 부족한 것이다. 이어지는 여러 장에서는 당신이 최적의 결정을 내릴 수 있도록 프레임워크 기술을 알려주려 한다. 문자 그대로의 의미로나, 비유적인 의미로나 당신의 삶은 이 프레임워크 기술에 달려 있다.

3장

진정성 없는 결정의
가혹한 대가

📍나는 부모님을 똑바로 쳐다보며 생글거리는 얼굴로 잘도 거짓말을 했다. 잘못인 줄 알면서도 어느새 또 다시 그러고 있었다. 그 후에도 또 그랬다. 나중엔 나 자신도 거의 의식하지 못하는 채로 거짓말을 했다. 다른 사람에게 인정받기 위해 내가 내린 이 선택으로 나는 정직성을 희생시키는 대가를 치렀다. 내 결정에는 더 이상 진정성이 없었고 나 자신도 나를 존중하지 못하게 되었다.

거짓말을 시작하게 된 계기는 샐리를 만나면서부터였다. 그녀를 처음 만난 건 고등학교 상급생 때였다. 그때 샐리는 다른 고등학교에서 옮겨온 전학생이었고 내가 듣던 토론 수업의 어떤 애와 사촌지간이었다. 교실로 들어오는 샐리를 본 순간, 온 세상이 멈춘 느낌이었다. 그 카리스마와 자신감에 나는 나방이 불로 뛰어들 듯 끌려들었다. 샐리는 예쁘고 사랑스러운 데다 똑똑했다. 자기 차도 가지고 있었다! 그 애와 어떻게든 친해지고 싶었다. 우리는 단박에 마음이 통했고 서로에게 강하게 끌렸다. 어느 날 전화 통화 중에 샐리가 말했다. "정식으로 사귈 게 아니라면 우리 서로 거리를 두는 게 좋을 것 같아." (나를 옛날 사람이라고 놀려도 할 말이 없지만) 나는 여자에게 데이트 신청을 하는 순간을 전부터 쭉 머릿속에 그려왔던 사람이었는데 내 직관이 바로 지금이 그녀에게 데이트 신청을 해야 할 때라는 압박을 보내왔다. 그때는 우리가 겨우 두 번째 대화밖에 나누지 않은 때였다! 그런데도 나는 샐리와 그대로 끝내기가 싫어서 사귀자고 했다.

그 뒤로 내 정직성은 어쩌다 보니 악화일로의 길로 들어섰다. 샐리는 생각이 매우 깊었고, 내 사물함에 메모를 남겨놓거나 선물을 건네주는 등의 로맨틱한 깜짝 이벤트를 자주 해주었다. 그러던 어느 순간부터 나도 똑같이 해주었으면 하는 불만을 에둘러 드러냈다. 나는 또 다시 로맨틱한 이벤트로 내 사랑을 증명해 보여야 한다는 압박감을 느꼈다. 이런 이벤트가 거듭될수록 샐리의 기대는 점점 높아져갔다. 샐리와 사귀는 일이 차츰 고역처럼 느껴졌고 다음번 이벤트는 뭘 해줄지 머리를 짜내면서도 불안감이 커졌다. 내가 아무리 뭘 해도 샐리의 성에는 차지 않을 것 같았다.

샐리는 점점 선을 넘어 무리한 요구를 자주 했다. 부모님 몰래 둘이 해돋이를 보러 가자고도 했고, 자기 집에 와서 같이 공부하자고도 했다. 우리는 육체적 선을 넘었다. 물론 샐리도 부모님에게 거짓말을 했다. 어느새 우리는 부모님에게 거짓말하는 일이 습관처럼 몸에 배어 멈추기가 힘들어졌다. 그럴 때마다 솔직히 짜릿한 기분이 느껴졌지만 다른 한편으로는 죄책감도 들었다. 내가 못 견디게 괴로웠던 것은 부모님의 믿음을 저버리고 있다는 생각이었다. 부모님은 나를 철석같이 믿으며 꼬치꼬치 캐물은 적이 없었다. 나도 나 자신을 정직한 사람으로 생각했지만 더 이상은 아니었다. 나는 죄책감에 사로잡혔고 이젠 거짓말을 해도 심장이 두근거리지도 않는 것 같았다. 우리 사이가 더 이상 건강한 관계가 아니라는 걸 알았지만 차마 끝낼 용기가 나질 않았다. 어느 날 샐리의 부모님이 집을 비우고 멀리 외출하자 나는 거짓말을 하고 샐리의 집에 갔다. 그런데 어찌저찌하다 샐리의 여동생이 부모님에게 일러바치면서 그 일이 있은 지 이틀 후에 거짓말이 들통나고 말았다. 샐리의 부모님이 직접 와서 사과하길 요구해 나는 부모님을 따라 샐리의 집에 가야 했다. 너무 창피하고 자존심이 상했다. 부모님들은 우리에게 이제 만나지 말라고 했다. 우리는 그 말을 따르려고 애썼지만 한 달 후에 다시 만났다. 하지만 결국 샐리는 나에게 헤어지자고 했다. 솔직히 나는 은근히 마음이 놓였지만 그녀의 결별 이유를 들었을 때 충격을 받았다. "내가 해달라고 하는 대로 네가 다 들어줘서야." 나는 정말 어리둥절했다. 내 도덕규범까지 깨며 자기를 기쁘게 해주었는데도 내 잘못이라니? 샐리는 그제야 솔직히 털어놓았다. "나도 그런 말을 하는 게 좀 정신 나간 생각이라는 걸 알았어. 그런데 넌 나를 한 번도 말린 적이 없어." 나는 시간이 지나고 나서야 샐리의 말뜻을 이해했다. 나 같은 예스맨에게는 자신을 지켜주며 올바르게 행동할 만한 사람이라는 믿음이 가지 않았던 것이다. 나는 그녀를 실망시키지 않으려

다가 내 정직성을 버렸고 관계마저 잃은 셈이었다.

순순히 따라야 할 것 같은 압박감이 드는 순간들이 있다. 그럴 땐 상대의 인정을 받기 위해 그 상대가 원하는 대로 하게 된다. 불화 거리를 만들려 하지 않으며 어떻게든 원만한 관계를 지키려 한다. 이러다 보면 차츰 자아감을 상실한다. 서서히 자기 확신이 손상되며 나 자신의 의사와 상대의 의사를 더는 분간하지 못한다. 이것이 다른 사람을 위해 살 때 수반되는 대가이다. 플라톤은 "반성하지 않는 삶은 살 가치가 없다"[29]라고 말했다. 왜? 당신이 당신 자신의 삶에서 더 이상 운전자가 아닌 승객이기 때문이다. 이제 삶은 자동 반응의 축적에 불과해진다. 더 이상 스스로 생각하지 않는다. 불만족스럽고 성취감이 없는 삶은 어떤 식으로 살게 될까? 남들의 인정을 얻기 위해 살게 된다. 그러면 삶의 목표가 부모나 사회가 정한 가치관에 따라 정해질 수도 있다. 정말로 그런 삶을 살고 싶은가?

당신이 원할 만한 모든 것이 어느 성의 꼭대기에 있다고 상상해보자. 당신은 성벽에 긴 사다리를 받쳐놓고 한칸 한칸 올라간다. 장장 수년에 걸쳐 피, 땀, 눈물을 쏟은 끝에 드디어 성벽 꼭대기에 다다라서야 깨닫는다. "이 성이 아니잖아!" 이 무슨 비극인가. 고생고생해서 에베레스트 산을 오르고 나서 정상에 쌓인 눈이나 기슭의 눈이나 다를 게 없다는 사실에 놀라는 등반가처럼 허탈하지 않을까. 명성과 부를 얻고도 충족감을 느끼지 못해 우울증에 빠지는 유명인과 운동선수가 한둘이 아니다. 결국 명성과 부는 이들이 정말로 원했던 것이 아니었다는 얘기다. 그런데 자신에게 중요하지 않은 대상을 얻으려 애쓸 때 돌이킬 수 없이 잃고 마는 것이 뭔지

아는가? 진짜로 중요한 대상에 쏟을 시간과 에너지다. 위로 오르기 전에 맞는 성을 제대로 찾을 수 있다면 어떨까? 확신을 갖기 위해 시간이 더 걸린다 해도 그 시간은 헛되게 허비할 수년의 시간을 절약해줄 만한 가치 있는 시간이 아닐까? 노력을 하려면 열심히 할 게 아니라 똑똑하게 해야 한다! 자신의 삶에서 정말로 중요한 대상을 찾는 일은 최적의 결정을 내리기 위해 꼭 필요한 과정이다.

진정성 없는 결정(자신의 정체성이나 가치관과 진정으로 일치하지 않는 결정)의 대가는 별 볼 것 없는 그저 그런 삶이다. 때때로 사람들은 그편이 편하다는 이유로 시시한 목표만 추구하지만 이는 자신의 잠재성에 한계를 짓는 격이다. 말하자면 '몸 사리기'나 '현상 유지' 식의 태도다. 사람들은 현재의 위상에 만족스럽지 않으면서도 익숙한 것에 미련을 갖는다. 내 단골 이발사가 이런 사고방식의 사례에 든다. 그는 이발 실력이 굉장한 수준급이지만 짠 임금으로 부리며 푸대접하는 회사에 계속 다니고 있다. 이런 사정을 내가 어떻게 아느냐고? 머리를 자르러 갈 때마다 불평해대니 모를 수가 없다. 그렇게 불만이면서 왜 계속 다니는 걸까? "그래도 월급이 따박따박 제대로 나오고 가족들이 건강보험을 받고 있기 때문"이란다. 듣자 하니 시급이 무작위로 삭감당하고 있는 것 같아서 월급을 따박따박 제대로 받는 것도 아니다! 독립해서 가게를 차려보라는 얘기를 꺼내면 그는 그럴 수 없는 갖가지 이유를 가져다댄다. "목 좋은 곳을 찾기가 힘들어요. 임대료가 너무 비싸요. 손님이 별로 없으면 어떻게 해요?" 모두 걱정할 만한 점이긴 하지만 그는 시도를 해본 적도 없다! 활로를 열기 위해 위험을 감수하려면 스트레스가 심할 수 있다. 아이러니한 사실이지만 불만족스러운 상태에 안주한다고 해서 삶의 스트레스가 덜해지는 것 같지도 않다.

이쯤에서 열여덟 살의 시드라는 남자애를 상담한 기억이 난다. 시드는 진료실에 들어올 때마다 나에게 정중히 행동했다. 그런데 얘길 들어보면 말만 번지르르해서 해병대에 들어간다는 둥 운전면허를 딴다는 둥 할머니의 집에서 독립해 나오겠다는 둥 고등학교 졸업 후의 계획을 늘어놓았다. 시드의 할머니가 애초에 상담을 부탁한 이유가 "손자가 자기 잠재성을 제대로 발휘하지 못하기" 때문이었는데 그 말이 맞았다. 시드는 대견한 계획을 이것저것 세우기는 했지만 실생활 속에서는 그 반대의 결과를 낳는 선택들을 했다.

학교에 칼을 가져간 일로 보호관찰 처분을 받은 적이 있으면서도 행동을 조심하지 않는 것 같았다. 방을 깨끗이 치우고 마약을 하지 않고 통금 시간까지 집에 오겠다는 그럴듯한 말로 바르게 처신하기로 약속해놓고는 그러기는커녕 방을 쓰레기 더미로 만들고 밤늦게 들어오며 온갖 무례한 행동을 했다. 일주일 정도 잘하다가 몇 주는 형편없이 구는 일이 한두 번이 아니었다. 그러고 나면 조건을 재협상하거나 너무 꽉 막혀서 말이 안 통한다며 할머니 탓을 하려 들었다. 할머니로선 정말 당혹스러운 노릇이지 않을까? 시드는 할머니 속을 태우는 것으로도 모자라 급기야 자해까지 하고 있었다. 여전히 집에서 독립해 나오지 못했고 보호관찰 기간은 연장된 채로 자신의 목표들과 더 멀어지고 있었다. 시드는 뻐기듯 말했다. "저는 제가 알아서 하는 사람이에요. 누구든 저한테 이래라저래라 할 수 없어요."

시드는 진정성 있는 삶을 살고 있는 걸까? 나에게 진정성은 정직성의 유의어다. 내면의 현실이 외부의 현실과 일치할 때 그것이 바로 진정성이다. 다시 말해, 그 사람의 바람과 실생활이 일치해야 진정성 있는 삶이다. 일치하지 않는다면 그때는 일치하지 않는 이유를 자문해야 한다.

시드의 사례는 이 질문에 대해 하나의 답을 알려준다. 즉, 시드의 경우는 해야 할 여러 가지 일들이 서로 상충하는 예다. 나는 모든 사람이 다 헌신적이라고 생각한다. 왜? 매일같이 결정들을 이행하기 때문이다. 우리가 하는 모든 일들은 이런저런 선택과 결정에 따른 것이다. 다만, 여기에서는 현실적으로 답해야 할 문제가 있다. 당신은 당신이 하기로 말한 일에 헌신적인가? 서툰 결정자라면 그렇지 않다고 답하는 것이 보통이다. 당신이 밥 먹듯이 지각하는 사람이라고 가정해보자. 마음으로는 오전 8시까지 출근하고 싶은데 어쩌다 보면 8시 30분이 다 되어서야 회사에 도착하기 일쑤다. 물론, 차가 막히거나 어쩌다 우유를 엎지르는 등등 마음대로 안 되는 방해 요인들이 생기기도 할 테지만 현실적으로 보면 당신은 제시간에 출근하는 일이 아닌 다른 뭔가에 더 헌신하고 있는 것이다. 사실은, 정말로 오전 8시까지 출근하고 싶지 않은 것이다. 그 일이 그만큼 중요하지 않다는 얘기다. 어딘가를 정말로 오전 8시까지 가고 싶었다면 제시간에 그곳에 가 있었을 것이다! 상충하는 일들 중에 더 헌신을 기울이는 일이 있기 마련이다. 사람에 따라 그것은 10분만 더 자는 일일 수도 있고 더 이상 미룰 수 없는 집안일일 수도 있다. 아니면 엎질러진 우유를 닦는 일이거나. 아무튼 오전 8시까지 출근하는 대신 하기로 '선택'한 것이라면 그것이 뭐든 제시간에 출근하는 일과 상충하는 일이다. 이러는 게 잘못일까? 꼭 그렇지는 않다. 지각을 자주 하면 평판에 안 좋은 인상을 주어 해고를 당할 수도 있지만 그렇다고 '나쁜 사람'이 되는 건 아니다. 진짜 중요한 문제는 따로 있다. 지각을 하는 게 정말로 당신의 선택이냐는 것이다. 답은 '그렇다'이다. 일부러 그러는 건 아닐 테지만 엄연한 선택이다.

간단히 정리해, 결정은 네 가지로 분류할 수 있다.

· 진실된 선택

· 거짓된 선택

· 부인형 선택

· 회피형 선택

진실된 선택은 개인적이거나 사회적인 결과는 따지지 않고 자신의 가장 중요한 가치관에 따라 내리는 결정이다. 거짓된 선택은 정체성과 행동 규범에 관해서 남들의 의견에 따라 좌우되는 결정이다. 부인형 선택은 현실을 부정하다가 결국 자신이 만들어낸 환상에 따라 결정을 내리게 되는 것이다. 회피형 선택은 삶에서 유리되어 더 이상 적극적인 결정을 내리지 않는 경우를 말한다. 어떤 유형의 의사결정에 가장 공감이 가는가? 거짓된 선택, 부인형 선택, 회피형 선택은 진정성 있는 삶을 살지 못하게 막는

훼방꾼이다. 프레임워크는 더 나은 선택을 하도록 도와주기 위한 기술이며 최적의 결정을 내리는 사람이 되어야 진실된 선택을 내리게 되겠지만, 진실된 선택의 기본값은 따로 있다. 진실된 선택을 하고 싶어지는 마음을 갖추는 게 먼저다.

거짓된 선택이나 회피형 선택을 하는 편이 진실된 선택을 하는 것보다 더 속 편하다고 생각하는 사람들이 많다. 진정성 있는 삶을 살기 위해 싸우는 것보다 시류에 편승하며 자신이 원하는 대로 밀고 나가지 않는 편이 (심지어 자신이 원하는 것이 뭔지를 찾지 않는 것이) 더 마음 편하다는 주의다. 하지만 그렇게 살다간 고질적인 충족감 결핍에 빠져 끔찍한 결과로 치달을 위험이 있다. 그렇다고 이 말을 오해해서 들으면 안 된다. 나는 자살이 해답이라고는 생각하지 않는다. 오히려 자살은 그 누구에게든 최악의 결정일 수 있다. 하지만 진정성이 없는 채 결핍감에 빠져 있는 상태가 지속되면 어느새 자살 쪽으로 마음이 흔들릴 수 있다. 나는 상담을 해주며 자꾸 자살 생각이 나서 힘들어하는 사람들의 사연을 숱하게 들어왔다. 사람들의 수만큼이나 그 이유도 다양하지만 전반적인 공통점도 있다. 대다수의 경우, 자살의 근원적 이유는 절망감이다. 아무것도 바뀌지 않을 거라는 느낌과 생각이 뼛속 깊이 사무쳐 있다. 자살 생각을 하는 사람들은 대개 죽고 싶어 하지 않는다. 죽음에 대해 생각하면 돌아버릴 것처럼 겁이 난다! 죽을 결심을 한다는 것이 사랑하는 사람들에게 상처를 주는 이기적인 일이라는 건 잘 알지만 사는 게 주체할 수 없을 만큼 버거워 그런 문제를 살필 여력이 없게 느껴지는 사람들이 많다. 이런 사람들에겐 살아 있는 것 자체가 고통이다. 삶은 온통 죄책감, 수치심, 후회로 가득하고 공허감과 슬픔으로 나날의 일상이 병들어간다. 계속 이런 식의 삶이라면 살 가치가 없다고 느껴진다. 더 이상 고통받고 싶지도 않다. 죽음이 현재의 이런 삶을 끝내줄 희망으로 다가온다. 자신이나 남들에게 중요하지 않은 삶이면 더 이상 살아서 뭐하나, 싶어진다. 이것이 바로 진정성 없는 결정들의 값비싼 대가다. 이런 결정은 사람을 진정성이 없고 무력해지게 한다. 그냥 살아만 있는 이런 곤궁에서 빠져나올 방법은 뭘까? 충족감 있는 삶으로 이끌어줄 진실된 결정을 내리며 진정성 있게 살면 된다. 그러려면 너무 늦기 전에 진정한 자신을 알고 그런 자신에 걸맞게 살아야 한다.

결론

우리는 누구나 자신의 인생을 잘 살고 싶어 한다. 그러기 위해서는 자신이 어떤 사람인지를 알고 제대로 살아야 한다. 그렇게 살지 않다가 임종이 임박한 순간에 뼈저린 후회 속에 사는 사람들이 있다. 이 점을 기억해야 한다. 그냥 살아만 있든 제대로 살든 우리는 모두 언젠가 죽는다. 사람은 누구나 죽지만 모든 사람이 다 진실되게 살아가는 건 아니다. 완화의료(임종이 임박한 환자는 물론 장기적 치료가 필요하거나 투병 과정에서 큰 고통을 겪는 모든 환자와 가족에게 행해지는 신체, 정신적 의료 행위-옮긴이) 간호사 브로니 웨어는 『내가 원하는 삶을 살았더라면: 죽을 때 가장 후회하는

5가지』라는 책을 써내, 마지막 순간에 자신의 얘기를 털어놓은 환자들과 함께한 체험을 잘 담아놓았는데 죽어가는 사람들이 다음의 다섯 가지 후회를 가장 괴로워했다고 한다.

1. "남들의 기대가 아니라 나 자신에게 충실한 삶을 살 용기가 있었다면 좋았을 텐데, 그게 후회스러워요." 실현되지도, 심지어 시도조차 한 적도 없는 꿈이 여럿 있다고 고백한 사람들이 많았다. 두려움이나 바쁜 일상에 떠밀려 결정을 내리며 꿈을 등한시하다 결국엔 (건강이 악화되면서) 너무 늦고 말았다는 걸 이제야 깨달았던 것이다.

2. "왜 그렇게 열심히 일했는지 후회가 돼요." 웨어의 연구에서 거의 모든 남자 환자가 했던 후회다. 비교적 옛 세대에 속하는 남자들은 외벌이를 하면서 일이 주된 정체성으로 자리 잡게 되어 처자식들과 함께할 시간을 그 대가로 치렀다. 일을 좀 줄이고 번 돈으로 가족들과 즐거운 시간을 갖는 게 아니라 가능한 한 많은 돈을 벌기 위해 죽어라 일했다.

3. "내 감정을 표현할 용기를 냈더라면 좋았을 텐데." 많은 사람들이 평화를 지키기 위해 '부적절한' 감정을 억누르며 살았다. 그 바람에 그저 그런 삶을 살며 진정한 모습을 드러내지 못했고 이렇게 억눌린 감정은 대개 응어리와 울분을 일으켰다. 제대로 전달되지 않으니 다른 사람들로선 계속 모를 수밖에 없었고 그러다 보니 자기 마음을 누구 하나 알아주는

사람이 없다는 기분에 빠져들었다. 그때 감정을 전달했더라면 어땠을지를 떠올리면, 그 모든 일이 후회로 남았다.

4. "친구들과 자주 연락하고 지낼 걸, 후회돼요." 살기 바빠 목표에 너무 급급하다 보면 중요한 인간관계를 깜빡하고 못 챙기기 십상이다. 이런 삶을 살아온 환자들은 죽음에 직면했을 때 친구들과 연락이 닿지 못하게 되어 곁에 사랑하는 이들도 없이 남은 순간을 보내다 결국 홀로 삶을 마쳤다.

5. "나 자신을 더 행복해지게 해주었더라면 좋았을 걸 그랬어요." 행복은 대체로 바로 우리 앞에 있는 선택이다. 많은 사람들이 뭔가 '가치 있는' 일이 성취될 때까지 기꺼이 행복을 누리려 하지 않는다. 그런가 하면 오래된 습관에 길이 든 나머지 '이보다 더 좋을 순 없다'고 스스로를 속이기도 한다. 둘 다 잘못된 생각이다. 안타깝게도 사람들은 행복을 언제나 미래의 일로 여긴다.[30]

이제 잠시 이러한 후회들이 의식 속으로 스며들 시간을 가져보자. 이 중 당신의 마음에 울림을 주는 후회는 몇 가지나 되는가? 이어서 다음 질문에도 답해보자. 이런 후회들이 남지 않는 삶을 살고 싶은가? 부디 그렇다고 답하길. 이런 교훈을 스스로 어렵게 터득하는 대신 다른 사람들의 실수를 보며 배우는 이점을 누리는 편이 지혜로운 일이다. 지혜롭게 배울 수 있는데도 군이 고통을 겪으며 배우는 사람들이 너무 많다. 이 환자들이 진정성이 없는 삶의 이런 실상을 깨달았을 때는 이미 너무 늦은 뒤였다. 이쯤에서 반가운 소식을 전하자면, 당신에게는 이런 후회들이 필연이 되지 않을 기회가 있다! 당신은 아직 너무 늦지 않았다. 당신이 내리는 일상의 결정들은 앞으로 당신이 어떤 사람이 되고 어떤 인생 궤적을 그리게 될지를 좌우할 수 있다. 그러니 프레임워크라는 효율화된 과정을 활용해 진정성 있는 최적의 선택을 내리는 기술을 배우기 바란다.

4장

프레임워크를
배우기 전에

📍 조종사와 외과의사의 공통점이 뭘까? 둘 다 고도의 기술을 갖춘 전문가지만 몇 가지 단순한 규정들을 이행한 뒤에야 자신의 일에 임할 수 있다. 조종사의 경우엔 연방항공국FAA, Federal Aviation Administration의 지침에 따라 '이륙 전'과 '착륙 전' 체크리스트를 확인해야 하고, 외과의는 수술하기 전 손 씻기 등 준비를 잘 했는지 확실히 하기 위한 리스트를 체크해야 한다.

별난 절차라고 생각할 만도 하다. 어쨌든 조종사와 외과의사 중엔 수십 년째 그 일을 해온 사람들도 수두룩하지 않은가. 기술의 발전에 힘입어 비행기가 사실상 자기가 알아서 날기도 한다! '이륙 전'과 '착륙 전' 체크리스트의 항목 중 무선통신 장치의 정상 작동 여부, 안전벨트 착용, 파킹 브레이크 해제 등은 얼핏 생각하기에 그렇게까지 따로 체크하지 않아도 되는 항목들이 아닌가 싶다. 하지만 역사를 들여다보면 조종사들이 비행 안전장치에 주의를 소홀히 하면서 끔찍한 사고가 일어난 사례가 여러 번 있었다.[31] 비슷한 경우로, 질병통제예방센터CDC, Center for Disease Control and Prevention의 연구 결과에 따르면 의료인들이 진찰 시 손을 씻는 비율이 50 퍼센트에 못 미치는 것으로 나타났다. 손 씻기를 상기시켜줄 체크리스트가 필요할 만하다. 청결한 손은 환자 생존율을 잘 관리하기 위해서도 중요한 요소다. 1847년에 이그나스 제멜바이스 박사는 손을 씻지 않아 박테리아를 옮긴 의사들로 인해 산욕열産褥熱에 걸려 사망한 산모들이 높은 비율을 나타내고 있다는 사실을 밝혀냈다. 의사들이 손을 제대로 씻어야 했던 경우엔 산모의 사망률이 20퍼센트에서 1퍼센트로 떨어졌다.[32]

이런 이유로 아무리 아는 게 많은 전문가라고 해도 얼핏 단순해 보이는 사항들을 상기시켜줘야 할 필요가 있다. 익숙함은 경시를 낳는다. 익숙함은 자칫 단순한 실수를 일으키고, 때때로 이 실수가 화근이 되어 다른 사람들이 목숨으로 그 대가를 치르기도 한다.

이렇게 똑똑한 사람들도 자신이 맡은 분야의 일을 확실하게 잘 해내기 위해 체크리스트가 필요하다면 우리라고 해서 다를까? 우리에겐 어떤 식으로든 행동규칙 부여의 여지가 없고 자동조종 사고방식이 알아서 올바른 결정을 내려주는 기적을 펼쳐주기라도 할까? 그렇게 생각한다면 망상이다. 해이한 생각은 해이한 생활로 이어지기 마련이다. 우리 역시 다음 행보로 넘어가기 전에 생각의 속도를 천천히 늦추며 재확인할 필요가 있다. 물론, 조종사들과 다를 바 없이 당신 역시 체크리스트가 없어도 대체로 올바른 결정을 내리게 될지 모른다! 조종사들은 비행을 대체로 잘 완수하지 않는가. 그런데 한 번이라도 비행기를 추락시킬 여지가 있다면? 자, 다음에 답해보자. '나는 몇 번 정도까지 안 좋은 결정을 내려도 괜찮을까?' 서툰 결정을 내려 의도치 않은 큰 대가를 치른 적이 몇 번 있을 가능성이 높기에 물어보는 것이다.

그러면 이제부터 프레임워크의 세계로 들어가보자. 프레임워크는 진심이 담긴 비판적 사고다. 잠깐 쉬어가기다. 중요한 결정을 내리기 전에 다섯 가지 체크포인트에서 멈추는 것이다. 해결책을 결정하기 전에 문제를 명확히 살펴볼 체계적 방법이다. 프레임워크를 활용하면 최종 결정에 영향을 미치는 데 도움이 될 구체적 단계를 거쳐 문제에서 벗어날 구상을 세우게 될 것이다.

프레임워크의 활용이 처음엔 시간을 낭비하는 것처럼 느껴질 수 있다. '단계가 다섯 가지나 된다고? 요즘 세상에 그럴 시간이 어디 있어?' 하지만 다음을 명심해야 한다. 이런 단계를 거치지 않으면 자칫 서툰 선택을 내려 훨씬 더 많은 시간과 에너지를 치르게 된다. 어떤 경우든 현재를 즐기다carpe diem 그 대가로 고생하는 것보다는 차라리 좋은 선택을 위해 선불로 시간을 치르는 것이 낫다. 프레임워크의 활용은 삶의 기술이다. 쌍절곤 기술, 활사냥 기술, 컴퓨터 해킹 기술 등등의 모든 기술이 그렇듯 이 기술도 실력을 키우려면 연습이 필요하다. 코치가 당신에게 농구 슈팅 요령을 가르쳐준다고 가정해보면 이때 슈팅 방법을 아는 것과 실제로 골대에 공을 넣는 것은 별개의 문제다. 당신이 요령을 배운 후에 그 기술을 완벽하게 수행하길 기대하는 사람은 아무도 없다. 이 프레임워크의 과정이 거추장스럽고 부자연스럽게 느껴지더라도…… 괜찮다! 그것은 곧 새로운 기술을 배우며 발전하는 중이라는 의미다. 계속 연습하면 된다. 여기에서의 목표는 프레임워크가 결정을 내리는 자연스러운 방법으로 느껴지게 만드는 것이다. 시간이 지나다 보면 프레임워크가 무릎반사처럼 제2의 천성으로 몸에 배게 되어 있다! 어느 순간부터 내가 여기에서 제시한 질문들에서 벗어나 자동으로 프레임워크의 원칙에 따라 결정을 판단하게 될 것이다. 프레임워크 훈련을 통해 좋은 인지적 습관이 길러질 것이다.

흔히들 어떤 문제나 도전과제가 생기면 재깍재깍 결정을 내려야 한다고 여기는데 이는 잘못된 생각이다. 때로 즉각 행동을 취해야 하는 상황도 있지만 우리가 내리는 결정의 대다수는 천천히 해도 된다. 잠시 사이를 두고 10까지 세면서…… 천천히 해라. 그 잠깐의 멈춤이 좋은 결정이냐 나쁜 결정이냐를 가를 수도 있다. 프레임워크를 소방훈련처럼 여기는 것도 좋다(부디 학교나 직장에서 소방훈련을 받아봤길). 화재경보가 울리면 아이들은 침착하게 자리에서 나와 한 줄로 줄을 서서 학급별로 미리 표시된 야외의 구역으로 걸어가야 한다. 그런 다음 교사가 그 학급의 모든 아이들이 다 나왔는지 확인한다. 우리가 이런 소방훈련을 하는 이유가 뭔가? 실제로 화재가 날 경우 패닉과 혼란이 일어나 다치는 사람이 나오거나 심지어 사망자가 생기지 않도록 예방하기 위해서다. 패닉에 빠지면 그 순간 사람은 창의력을 발휘해 문제를 해결하기 어렵다. 생존 본능이 발동되면서 부주의하게 서툰 결정을 내리게 된다. 소방훈련의 목표는 의사결정 과정에서 불필요한 생각을 막는 데 있다. 사람들이 중요한 문제에 매달리도록 유도하는 것이 초점이다. 프레임워크의 목표도 이와 똑같다. 말하자면 프레임워크는 스트레스와 압박을 받는 중에 답을 내놓아야 할 것 같은 상황에서 최적의 결정을 가려내기 위해 중요한 일련의 질문들에 집중하도록 유도해준다.

미 육군에는 정보 전달 시에 이와 비슷한 역할을 해주는 것이 있다. 'SITREP'라는 것인데,[33] SITuation REPort상황보고의 약자다. 나도 군 복무 시절에 부대장에게 전투 상태에 대한 간략한 보고를 해본 적이 있는데, SITREP은 상호 합의된 양식으로 작성하게 되어 있어 동료들끼리 중요한 세부 사항을 빠뜨리지 않고 같은 내용을 이해하는 데 유용했다. 임무에 중요한 사항을 효율적으로 간소화시켜서, 16행의 각 행별로 지도부가 가장 유리한 결정을 내리기 위해 꼭 필요한 정보를 구분해 작성했다. 예를 들어 1행에는 날짜와 시간, 2행에는 보고서 작성 부서, 12행에는 상황 개요가 기재되는 식이었다. 프레임워크는 당신의 뇌를 위한 SITREP이나 다름없다. 불필요한 잡음은 차단하고 중요한 정보에 생각을 집중하게 해준다. 간단히 말해, 프레임워크는 확실한 정보에 근거해 결정을 내리도록 상황의 맥락을 개괄적으로 정리해주는 틀이다. 맥락을 파악하지 않은 채로는 포괄적인 답으로 해당 문제를 해결할 가능성이 희박하다.

이제 프레임워크가 필요한 이유는 확실히 알았으니 어떻게 구성되어 있는지 본격적으로 알아보자. 프레임워크는 감정, 자신의 가치관, 상대의 가치관, 현실, 용기 등 다섯 가지 체크포인트로 짜여 있다. 앞으로 이어지는 여러 장에서 프레임워크를 자세히 살펴보며, 5~8장과 10장에서는 각각의 체크포인트에 대해 얘기하고 9장에서는 이 다섯 가지가 한데 어우러져 프레임워크로 실행되는 방법을 알아보자. 하지만 자세히 알아보기 전에 앞서 이 모델의 큰 그림을 그려볼 수 있게 다섯 가지 체크포인트에 대한 개괄적인 설명부터 들려주고 싶다.

1. 감정: 지금 내가 어떤 기분이고 이런 기분을 느끼는 이유는 뭘까? 대체로 기분은 어떤 일이 우리에게 중요할 때 가장 먼저 체감하게 되는 정보다. 감정은 충족되지 않은 필요성이나 바람에 '주의를 기울여!'라는 신호다. 사람들은 '부적절한' 감정은 무시하라는 말을 자주 듣는다. 감정의 무시에서 재미있는 부분은 그런다고 감정이 사라지는 게 아니라는 사실이다. 억눌린 감정은 이런저런 식으로 당신의 주의를 끌 방법을 찾아내기 마련이다. 특히 강한 감정은 곧잘 적절치 못한 순간에 모습을 드러내 서툰 결정을 내리게 유도하기도 한다. 감정 이면에 숨겨진 이유는 언제나 명확하기만 한 건 아닌데, 바로 그런 이유로 프레임워크에서는 이 감정 정보를 가장 먼저 다룬다. 하지만 감정은 퍼즐의 한 부분일 뿐이라는 점을 잊지 말아야 한다. 사람들은 뭔가를 느끼면 바로 반응할 때가 많지만 그러다간 서툰 결정을 내리게 된다. 단지 감정에만 근거해 선택을 내려선 안 된다. 그것은 1,000조각으로 된 퍼즐의 전체 그림을 단 몇 개의 조각으로 판단하려는 격이다. "서로 딱 맞는 파란색 조각 세 개를 찾았어. 바다

동물과 인어 들이 있는 바다 그림이 틀림없어." 글쎄, 바다의 풍경이 맞을 수도 있지만 하늘이나 파란색 티셔츠나 스머프 같은 것일 가능성도 있지 않을까. 감정을 바탕으로 해당 문제를 불완전한 그림으로 그려선 안 된다.

2. 자신의 가치관: 나에게 중요한 건 뭘까? 가치관의 문제는 곧 정체성의 문제다. 당신은 어떤 사람이고 당신이 하는 그 일이 중요한 이유는 뭔가? 이 질문에 대한 답을 많이 알아낼수록 좋은 결정을 내리는 데에 시간을 아낄 수 있다. 당신이 일주일의 매 요일마다 전혀 다른 사람이 아니라면 당신의 가치관은 비교적 똑같은 상태로 유지된다. 가치관은 새로운 경험들을 접하며 시간이 지나는 사이에 변하기도 하지만 보통은 다양한 상황에도 불구하고 고정적이다. 가치관은 진정성 있는 삶의 닻이자 북극성이다. 최적의 결정은 당신의 가치관과 일치하는 결정이다. 당신의 가치관을 거스르는 결정을 내리면 감정이 울분, 절망, 좌절의 신호를 보내기 시작한다. 자신에게 솔직해져 자신의 윤리를 알아내기까지는 시간이 좀 걸릴 수 있지만 이것이야말로 스스로에게 해줄 수 있는 최고의 투자다. 살다 보면 개인적 가치관과 충돌해 이쪽도 저쪽도 선택할 수 없는 상황이생긴다. 이럴 때는 상대의 가치관과 현실 요인이 요긴한 역할을 해준다.

3. 상대의 가치관: 관련된 사람들에게 중요한 건 뭘까? 당신에게 중요한 문제가 반드시 다른 사람들에게도 중요한 문제는 아닐 수도 있다. 좋은 결정에는 대개 '마음 이론theory of mind'이 필요하다. 마음 이론이란 사람

마다 자신만의 관점을 가지고 있어 당신의 관점과 같을 수도, 같지 않을 수도 있다는 사실을 잘 아는 것이다.[34] 어린아이들은 사람들이 자신과 같은 생각과 감정을 가지고 있지 않을 수 있다는 것을 모르고, 그래서 아이 같은 생각에는 마음 이론이 부족하다. 사람들에겐 자신만의 생각과 감정이 있다. 때때로 운이 좋아서 모든 관련 당사자가 (소통이 필요한) 일에서 바라는 바가 같아 자연스럽게 전원이 선뜻 동의하는 결정이 내려질 때가 있다(정말 이상적인 상황이다). 그렇지 않을 경우엔 잠재적 갈등이 뒤따르고, 상대의 가치관이 자신의 가치관과 상반될수록 특히 더하다. 함께 일하기 위해서는 상대에게 중요한 것이 뭔지를 파악하고 검토하는 일이 중요하다. 우리는 자신의 가치관에 불필요하게 거스르고 싶지도, 상대의 가치관을 해치는 결정도 하고 싶지 않아 한다. 쉽지 않은 일일 테지만 일단 자신의 가치관을 정확히 짚어내면 더 보편적인 필요성과 바람도 다룰 만한 준비가 되어 있어 비슷한 상황에서의 상대의 가치관을 잘 이해할 수 있는 토대가 갖추어진다.

4. 현실: 이 상황의 사실은 뭘까? 사람이 어떤 상황을 어떻게 느끼든 간에 객관성은 엄연히 존재한다. 당신이 중력을 믿든 믿지 않든 날고 있는 비행기에서 장비도 없이 뛰어내리면 필시 죽기 마련이다. 이와 같은 현실은 당신의 생각과는 상관이 없는 별개의 문제다. 엄연한 사실이다. 우리 인간의 5감(촉각, 시각, 청각, 후각, 미각)에 따라 알고 있는 것이다. 현실은 환경 요인이나 문화 요인이라고 말할 수도 있다. 이 변수들은 우리 세계

를 이루는 한 부분이며 논란의 여지가 없다. 본질적으로 현실 요인들에는 우리를 현재의 시간대에서 이륙하지 못하게 하는 '진실'이 공유되어 있다. 이런 요인들을 무시하기로 선택할 경우 결과가 계획대로 일어나지 않으면서 충격과 좌절과 실망에 빠지기 쉽다. 이 네 번째 질문은 '있는 그대로'를 중시해 정보에 근거한 결정을 내리게 해준다.

5. 용기: 꿋꿋하게 끝까지 해내기. 앞의 네 가지 체크포인트를 거치고 나면 정보에 근거한 결정을 내릴 수 있다. 하지만 최적의 답을 얻는다고 해서 반드시 그 해결책을 이행한다는 보장은 없다. 반발의 힘이 작용해 저항을 일으킬 수도 있다. 이런 저항이 일어나는 이유를 이해하면 이 난관을 극복할 방법을 찾아 최적의 결정을 완수하기가 더 수월해진다.

결론

프레임워크를 다룰 때는 당신 자신에게 친절과 인내심을 보여야 한다. 경우에 따라 위의 질문들에 답하기가 아주 힘들기도 할 것이다. 자리를 잡고 앉아 차분히 당신의 감정이나 가치관을 짚어보는 것이 처음일 수도 있다. 아주 충격적인 사건을 겪거나 정체성에 타격을 입어 그동안 자아감이 혼란에 빠져 있는 상태일 수도 있다. 프레임워크에서 체크할 필수 질문에 혼자 힘으로 이렇다 할 답을 찾지 못할 수도 있다. 정말로 벽에 부딪

혀 막막하다면 전문가에게 상담을 받으며 이 질문들을 함께 풀어나가는 것도 고민해볼 만하다. 덕분에 몇 달이나 몇 년의 혼란과 고통이 덜어진다면 도움을 요청하는 일은 부끄러운 일이 아니다. 시어도어 루스벨트는 말하길 "노력, 고통, 난관 없이 얻어지는 것은 소유할 가치도 행할 가치도 없다 (중략) 내 평생 순탄한 삶을 살아온 사람을 부러워한 적이 없다. 내가 부러워했던 많은 이들은 힘든 삶을 살며 잘 이끌어 온 훌륭한 인물들"이라고 했다. 당신의 현재의 삶과 운명은 애써 노력하고 투쟁할 가치가 있다.

  그러면 이제부터 이 다섯 가지 체크포인트를 하나씩 차근차근 살펴보며 질문들을 전반적으로 살펴보자. 적절한 답에 이르는 출발점은 적절한 질문을 던지는 일이다. 마음이 올바른 방향으로 생각하도록 길잡이가 되어줄 질문들이 필요하다. 프레임워크를 통해 자신의 재량껏 중요한 정보를 수집한 후에 최종 답에 다가가는 법을 익혀보기 바란다. 자, 최적의 결정을 내려 삶의 진로를 바꿀 준비가 되었는가? 그럼 시작해보자!

5장

감정: 지금의 기분이
알려주고 있는 게 뭘까?

당신은 지금 자동차 안에 앉아 계기반에 들어온 불을 멀뚱히 보고 있다. 대다수 사람들이 싫어하는 엔진경고등이다. 사람들이 이 경고등을 싫어하는 이유는 그것이 엔진에 이상이 있을 가능성을 알리는 신호이며, 따라서 곧 큰돈이 들어갈 수도 있다는 얘기이기 때문이다. 그래서 엔진경고등 위에 스마일 스티커를 붙였다. 자, 이제 문제가 해결됐는가? 사실 현실 사회에서 이렇게 할 사람은 없을 것이다. 왜? 엔진경고등이 문제가 아니니까. 실질적 문제는 차의 보닛 아래에 있다. 지금 문제를 무시하면 나중에 더 크고 더 값비싼 문제를 일으킬 뿐이다. 우리에게 엔진경고등은 꺼림칙한 마음을 갖게 하지만 그만큼 고마운 존재이기도 하다.

우리의 감정은 엔진경고등과 같다. 중요한 뭔가를 알려주기 위해 존재한다. 자동차에서 엔진경고등이 어떤 역할을 하는지 안다면 감정을 무시해선 안 되지 않을까? 사람들은 흔히 불편한 감정을 삶을 더 힘들게 하는 골칫거리처럼 여긴다. 하지만 감정은 당신의 친구이니 무시하면 안 된다! 감정의 회피나 부정은 문제를 더 악화시킬 뿐이다. 감정에 귀 기울이며 중요한 질문을 던져야 한다. '내 감정이 나에게 뭘 알려주려는 걸까?' 감정 이면에 숨겨진 의미를 해독하려면 먼저 감정 자체부터 짚어봐야 한다. 감정의 존재 이유는 뭘까? 우리의 감정은 우리의 생존에 필수적인 존재다. 신경학자 안토니오 R. 다마지오의 주장에 따르면 느낌은 생명의 보존을 위해 아주 중요하며 의사결정 과정과 자아상에서 큰 역할을 맡고 있다. 다마지오는 감정emotion과 느낌feeling을 별개로 구별해, 감정은 복잡한 자극에 대해 일어나는 신체 반응(예를 들어, 빠르게 뛰는 심장, 땀 찬 손바닥 등)이고 느낌은 이런 신체감각을 마음이 의식적으로 해석하는 것이라고 본다.[35] 이 책에서는 책의 취지에 맞춰, 두 경험을 두루 포착하기 위해 감정과 느낌을 상호 대체 가능한 말로 다루려 한다.

감정이란 건 뭘까? 심리학자 폴 에크먼의 정의에 따르면 감정은 "우리의 진화적이고 개인적인 과거에 영향을 받아 일어나는 일종의 자동적 평가 과정으로, 이 과정 속에서 우리의 행복에 중요한 뭔가가 일어나고 있다고 감지해 일련의 심리적 변화와 감정적 행동이 그 상황을 다루기 위해 개시되는 것"[36]이다. 간단히 말해, 감정이란 뇌가 중요한 사건에 별 생각 없이 바로 대응하도록 피드백을 주는 것이다. 특히 두려움이나 분노 같은 특정 감정의 경우에 특히 더 그래서, 잠재적 피해에 대응해 빠른 초고속 피드백을 전달한다. 편도체가 자리해 있는 뇌의 변연계에서는 위협을 감지하면 이를 처리하기 위해 투쟁-도피 반응(위협을 감지할 때 맞서 싸우거나 도망칠 준비를 하며 거기에 맞게 몸을 최적화시키는 반응-옮긴이) 모드를 활성화한다. 이 속도가 얼마나 빠른 줄 아는가? 뉴욕 대학교 신경과학 연구소의 조셉 르두 박사에 따르면 우리 뇌는 40밀리세컨드(0.04초) 사이에 이 신호를 받는다고 한다. 강한 감정이 일어날 때 이성적 사고를 활용하기가 힘든 이유도, 감정이 훨씬 더 빠르게 뇌에 도달하기 때문이다! 투쟁-도피 반응은 우리 몸에 아드레날린을 분출시켜 거의 초인적으로 반응하게 함으로써 생존 가능성을 높인다. 초인적인 행동을 해내 사람을 압사당할 위험에서 구해준 사람들의 실제 사례도 심심치 않게 들려온다. 2016년에 열아홉 살의 샬롯 헤펄마이어는 차를 들어 올리는 카잭car jack이 미끄러지며 GMC 트럭에 불이 붙으면서 아버지가 그 밑에 깔려 꼼짝 못하게 되자 트럭을 들어 올렸다. 그런 뒤에는 불타고 있는 트럭에 서둘러 올라타 차를 차고 밖으로 빼낸 후 집 안에 있는 가족 모두를 대피시키기까지 했다.[37] 우리의 감정에는 이러한 힘이 내재되어 있어 필요시에 긴요한 행동을 취하도록 불을 당겨준다.

나는 감정에는 생존 외의 또 다른 역할이 있다고 믿는다. 우리는 느낌 덕분에 삶을 즐길 수 있다! 느낌은 우리가 살면서 경험하는 일들을 더 풍요롭고 아름답게 해준다. 우리 모두가 느낌이 없는 로봇이라면 훨씬 좋을 것 같다고 생각하는 사람들이 있는데 로봇이 더 논리적인 선택을 할 것이라는 가정하에서는 그럴 테지만 로봇에게는 독창성과 창의성이 없다는 단점이 있지 않을까. 이 대목에서 기억나는 환자가 있다. 우울증 진단을 받아 마음을 안정시키기 위해 항우울제 처방을 받았던 모니카라는 환자다. 그녀는 나에게 감정이 더 안정되면서 항우울제의 효과를 보긴 했지만 두 달 후에 약을 끊었다고 말했다. 내가 이유를 묻자 "약을 먹으면 슬픔이 덜 느껴져서 그건 좋지만 행복도 잘 느낄 수 없어요. 사실, 뭐든 별 느낌이 느껴지질 않아 그게 싫었어요"라고 했다. 느낌이 없는 삶은 색이 없는 그림과 같다.

내가 감정을 프레임워크의 첫 번째 요소로 제시한 이유는 중요한 일이 일어날 때마다 느낌이 우리의 주의를 가장 빨리 움켜쥐기 때문이다. 감정은 아주 돌발적으로 일어난다! 자신에게 중요한 일에 대해서만 강한 감정을 느낀다는 것이 내 굳건한 믿음이다. 그렇지 않다면 누가 감정에 관심을 갖겠는가? 자신에게 중요하지도 않은 일에 굳이 화가 날 이유가 있을까? 자신에게 중요하지 않은 사람 때문에 속이 상할 이유는? 내가 미국의 16세기 역사에 대해 알아봐야 아무 짝에도 쓸모없다는 식의 비난을 한다면 대다수 사람은 이 말을 별 느낌 없이 들을 것이다. 반면에 상대의 어머니에게 '멍청하고 쓸모없는 사람'이라고 욕한다면 (그 상대가 자기 어머니를 싫어하지 않을 경우) 더는 무덤덤하게 느끼지 않을 것이다. 당신이 무엇을 느끼는지는 중요한 문제이며, 그렇게 느끼는 이유 역시 중요하다.

나는 심리학자로 활동하던 초반에 누가 "그건 어떤 느낌인 건가요?"라며 비아냥거리는 듯 물으면 기분이 언짢았다. 그럴 때면 심리상담사들이 실제로는 훨씬 더 많은 일을(예를 들면, 정서적으로 지지해주고, 건강한 관점을 제시하고, 심리학적 통찰을 전해주고, 여러 가지 문제에 대해 가르쳐주는 등

등) 하고 있는데도 내 직업이 그저 '느낌에 대해 얘기하는 일'로만 전락 당하고 있다는 느낌이 들었다. 하지만 심리학자로서 내공이 쌓인 지금은 감정이 내가 생각했던 것보다 더 중요하다는 사실을 깨달았다. 감정이 왜 중요할까? 감정은 우리 정체성의 깊은 부분과 연결되어 있어 우리의 가치관을 드러내주기 때문이다. 우리의 느낌은 우리의 정체성에 대한 중요한 단서를 주고 가치관을 표면화시켜 때때로 정체성과 가치관에 대해 미처 의식하지 못한 점까지 알게 해준다.

일곱 가지 주된 감정

여기까지 알았다면 감정에 대해 이제 막 걸음마를 뗀 것에 불과하다. 우리가 어떻게 느끼고 그렇게 느끼는 이유를 분간할 줄도 알아야 한다. 그런데 우리의 감정에는 어떤 의미가 담겨 있을까? 감정 분야의 최고 전문가인 폴 에크먼 박사가 밝혀낸 바에 따르면 전 문화에 걸쳐 보편적으로 존재하는 일곱 가지 감정이 있다. 지금부터는 우리가 느끼는 이 주된 감정들을 더 속속들이 해부해 각 감정에 담긴 의미와 신호, 각 감정의 흔한 표현법, (해당될 경우에 한해) 각 감정의 최소에서부터 최고에 이르는 강도 범위, 그 감정을 느낄 때 스스로에게 물어보면 좋은 질문 등을 알아보자.

분노: 분노는 대체로 어떤 일이 부당하거나 잘못되었다는 기분이 들 때

솟구치는 감정이다.[38] 부당함에 맞설 힘을 갖게 해준다. 취약함을 느끼지 않도록 스스로를 보호하기 위해 표출되기도 한다. 이 점에 주목해야 할 이유는 어떤 일이 잘못된 것으로 느껴진다고 해서 꼭 그 일이 정말로 잘못된 것은 아니기 때문이다. 분노는 뭔가 느낌이 안 좋다는 신호이니 행동을 하기 전에 문제를 논의하고 깊이 생각해보는 편이 현명하다. 분노는 흔히 소리 지르기, 공격적 행동, 열이 확 오르는 느낌, 근육의 긴장, 힘이 꽉 들어가게 되는 턱과 주먹(혹은 턱이나 주먹), 빨라진 심박동, 더 덩치 있게 보이기 위한 가슴 부풀리기, 크게 부릅떠지는 눈, 찌푸려지는 눈썹, 꽉 앙다물어지는 입술 등으로 표출된다. (아주 가벼운 수준에서부터 극심한 수준에 이르기까지) 다양한 강도를 띠어 짜증이 나거나 답답하거나 속상한 마음이 드는가 하면 따지고픈 마음, 분함, 앙심, 분통이 치밀기도 한다. 스스로에게나 화난 상대에게는 이런 식으로 물어보는 것이 좋다. '무엇이 부당하거나 잘못되었다고 느껴지는가?'

슬픔: 슬픔은 소중한 뭔가를 잃었을 때 마음속으로 스며드는 감정이다.[39] 어떤 대상이나 사람, 심지어 자신에게 걸었던 기대가 어긋날 때 겪는, 더 깊은 차원의 슬픔도 있다. 사람들은 중요한 누군가에게 거부당하거나, 사랑하는 사람을 잃거나, 어쩔 수 없는 이별을 하거나, 뭔가를 해낼 능력을 잃었거나, 바라지 않은 결과 때문에 실망하는 경우에 흔히 슬픔을 느낀다. 중요한 목표가 없거나 그런 목표를 이루지 못할 때는 더 깊은 차원의 슬픔이 일어날 수도 있다. 대개 슬픔은 마음의 고통을 달래기 위

한 위안과 지지가 필요하다는 신호다. 슬픔은 흔히 가슴 조임, 가슴과 배쪽이 짓눌리는 느낌, 몸의 들썩거림, 눈물, 멍함, 시선 돌리기나 내리깔기, 구부정해지는 몸, 울음, 축 처지는 눈, 처져 내려가는 입꼬리 등으로 표출된다. 슬픔은 (아주 가벼운 수준부터 극심한 수준에 이르기까지) 실망, 낙담, 미칠 듯한 심한 동요, 체념, 무력감, 절망, 비참함, 좌절, 비탄, 비애, 고뇌 등의 다양한 형태를 띤다. 이럴 땐 스스로나 상대에게 다음과 같은 식으로 묻는 것이 적절하다. '잃은 것이 뭘까?' '이게 무엇을 잃은 느낌일까?'

행복/기쁨: 이 감정이 대다수 사람들이 원하거나 애써 얻으려 하는 감정인 이유는 만족과 행복함의 지표이기 때문이다.[40] 심리학자 조던 피터슨은 행복을 우리 마음이 중요한 뭔가를 얻기 위해 나아갈 길이 열려 있는 것이 보일 때 받는 신호로 규정했다.[41] 더 중요한 목표일수록 행복이 더 커진다! 행복과 기쁨의 차이는, 행복이 바라는 결과를 얻음으로써 따라오는 부산물인 편이라면 기쁨은 우리 내면 더 깊숙이에 자리한 더욱 안정적인 만족감이라는 점에서 다르다. 기쁨은 상황이 기분 좋다는 신호다! 행복은 흔히 낙관적 느낌, 생기, 훈훈함, 느긋함, 안정감, 웃음, 만족감, 눈이 가늘어지며 눈꼬리에 잔주름이 잡히는 표정, 미소 등으로 표출된다. (아주 가벼운 수준에서부터 극심한 수준에 이르기까지) 그 정도가 다양해 감각적 쾌락, 즐거움, 공감, 흥겨움, 통쾌함, 안도감, 평온감, 자부심, 자랑스러움, 뿌듯함, 감탄, 설렘, 황홀경 등으로 나타난다. 이 감정 상태일 때는 스스로에게나 상대에게 다음과 같은 질문을 하는 것이 적절하다. '뭐에

대해 감사한가?' '뭘 축하하고 싶은가?'

　두려움/불안: 내가 두려움과 불안을 같이 묶어놓은 것은 두 느낌 모두 생존과 관련된 역할을 하고 있고 그 발생 근원만 다를 뿐이기 때문이다. 두려움은 신체적·정서적·사회적 위험(또는 신체적이거나 정서적이거나 사회적 위험)을 느낄 때 일어난다.[42] 불안은 곧 초조해하는 마음으로, 대체로 일어날지 모를 손상에 대한 걱정이다. 이런 느낌은 해로움이나 주체하기 어려운 위협을 피하기 위해 투쟁-도피-경직-기절 반응의 신호를 보낸다. 사람들이 두려움을 느끼는 경우는 대개 위험한 동물, 높은 곳, 어둠, 죽음과 관련된 상황이다. 불안은 흔히 미래의 불확실성, 망신이나 거부를 당할 가능성을 비롯해 그 외의 임박한 위협과 관련된 경우가 많다. 두려움은 주로 가슴 두근거림, 짧은 호흡, 떨림, 높아진 목소리 톤, 경직된 자세, 치켜 올라간 눈썹, 떡 벌어진 입 등을 통해 표출된다. (아주 가벼운 수준부터 극심한 수준에 이르기까지) 그 정도가 다양해 놀람, 초조함, 불안, 무서움, 절망, 패닉, 경악, 극한의 공포 등을 보이게 된다. 이런 감정 상태일 때는 스스로에게나 상대에게 다음과 같이 묻는 편이 적절하다. '어떤 위협 요소 때문에 이렇게 해를 입게 될까 봐 불안해지거나 걱정이 되는 걸까?'

　놀람: 이 감정은 경우에 따라 두려움과 즐거움이 뒤섞인 흥미로운 경험으로 일어나기도 한다. 놀람은 뇌가 그 놀란 근원이 좋은 일인지 해로운 일인지를 해석하기 전까지 우선은 두려움으로 시작된다.[43] 분석 전의 그

상황을 처리하도록 우리를 투쟁-도피 모드로 떠밀어 넣기도 한다. 하고 있던 행동을 잠깐 멈추고 새로운 상황으로 주의를 돌리게 하려고 깜짝 놀라는 반응을 일으킨다. 놀란 일의 실상이 밝혀지면 우리는 당황스러운 동시에 기쁠 수도 있고, 당황스럽거나 기쁜 마음 중 하나일 수도 있다. 아니면 안 좋은 결과로 고통을 겪으며 실망이나 충격에 빠질 수도 있다. 사람들은 보통 큰 소리를 듣거나 뜻밖의 움직임이나 행동을 감지할 때 놀라게 되고 그러면 흔히 주의 기울이기, 헉하는 숨소리, 방어 자세로의 전환 등으로 표출된다. 이런 상태에 있을 땐 이렇게 물어보는 것이 좋다. '내가 어떤 정보를 놓치고 있다가 깜짝 놀라게 된 걸까?' '이 놀람은 나에게 이로운 걸까, 해로운 걸까?'

역겨움(혐오): 역겨움은 분노와 불안을 뒤섞어 놓은 감정으로 느껴질 수 있지만 엄연히 별개의 감정이다. 이런 역겨운 느낌은 구역질이 치밀어 토해야 할 것 같은 지경일 될 때 겪게 된다.[44] 역겨움을 가장 흔하게 느끼는 경우는 독이 있거나 상한 음식을 먹을 때다. 누군가가 도덕적으로 잘못된 행동을 저지를 때도 느낄 수 있다. 추한 모습, 썩어가거나 병에 걸린 것, 미관상 불쾌감을 일으키는 음식, 토사물과 피 같은 신체 배출액, 고문 같은 해괴한 행동에 역겨움을 느끼는 사람들도 많다. 문화적으로 구축된 생각에 따라 객관적으로 사실이 아닌데도 특정 사람들이나 대상이 '나쁜' 이미지로 통해 온 경우(예를 들어, 인종차별, 성차별, 하위계층 신분 등)들도 있는데 이 문제는 8장에서 더 자세히 살펴보도록 하자. 역겨움은 흔히 메스꺼움, 구토, 구역질, 역겨운 대상의 외면, 입이나 코 막기, '우웩' 같은 소리내기, 코 찡그리기 등으로 표출된다. 강도에 따라 (아주 가벼운 수준에서부터 극심한 수준에 이르기까지) 반감, 싫어함, 질색, 적대감, 증오, 극도의 불쾌감, 혐오, 강한 혐오 등으로 나타난다. 이런 감정 상태일 때는 다음과 같이 묻는 것이 적절하다. '이런 역겨운 느낌을 일으키는 요인이 뭐고, 역겨운 이유는 또 뭘까?'

경멸: 경멸은 부정적 판단을 통해 다른 사람이나 집단이나 행동에 대한 우월감을 느끼는 감정이다.[45] '내가 너보다 낫다'와 '너는 나보다 못해' 식의 생각이 뒤섞여 있다고 보면 된다. 경멸의 목적은 힘이나 지위를 내세우려는 데 있다. 자신이 더 힘 있고 위신 있는 사람으로 돋보이는 듯한 기분을 느끼려는 것이다. 우월감에서 즐거움을 얻는 사람들이 있지만 그 반면에 이런 오만한 감정을 부끄럽고 수치스럽게 느끼는 사람들도 있다. 경멸은 흔히 잘난 척, 못마땅해하는 말투, 긴장감, 힘이 더 생긴 듯한 느낌, 눈알 굴리기, 깔보기, '고개 치켜들고' 내려다보기, 한쪽 입꼬리 올리기 등으로 표출된다. 경멸이 고개를 들 때는 다음과 같이 묻는 것이 적절하다. '무엇 때문에 내가 다른 사람보다 더 나아야 한다는 이런 느낌이 드는 걸까?'

감정이 일어나는 데는 다 목적이 있다. 부디 앞의 요약을 읽으며 당신의 감정에 대해서나, 그 감정의 근원에 대해 더 잘 이해하게 되길 바란다.

말 안 해도 이미 알 테지만 감정은 때때로 복잡할 때가 있다. 어쨌든 인간 자체가 복잡한 존재이니. 제로드 패럿 교수는 자신의 감정 이론Theory of Emotions을 바탕으로 주된 일곱 가지 감정을 세분화시킨 차트를 만들어, 각 감정별로 하위 범주를 만들어 미묘하게 느껴지는 2차 감정과 3차 감정을 분류해놓았다.[46] 감성 지능을 높이고 싶다면 자신의 느낌을 1차의 주된 일곱 가지 감정에 한정하지 않고 더 구체적으로 표현해보는 것이 좋다. 2차 감정과 3차 감정은 감정의 다양한 특성과 강도를 나타내줘서, 그렇게 느끼는 이유를 알려준다. 우리의 감정은 대체로 여러 감정이 동시에 일어난다. 사실, 단 하나의 감정만 느끼는 경우는 아주 드물다. 가령 오로지 슬픔 외에 아무 감정도 들지 않는 일은 별로 없다. 질투 같이 혼란스러운 감정들도 있다. 질투는 중요한 뭔가나 누군가를 경쟁자에게 빼앗길 것 같은 위기감에서 발동되지만 여기에는 사랑, 분노, 무기력, 역겨움 같은 또 다른 강한 감정도 아우러진다. 많은 경우에 슬픔 35%, 분노 25%, 두려움 40% 식으로 여러 감정이 동시에 뒤섞이게 된다. 감정을 퍼센트 비율로 구분할 필요야 없겠지만 여러 감정 모두가 당신에게 중요한 뭔가를 말해주고 있다는 사실만은 알아야 한다.

감정의 분간은 아주 중요한 첫걸음이지만 성장 환경에 따라 사람마다 더 어렵게 느끼기도, 덜 어렵게 느끼기도 한다. 수많은 문화에서 그렇듯 남자들에겐 단 두 가지의 남자다운 감정, 분노와 행복만이 용납되는 것 같다(게다가 너무 행복해서도 안 된다!). 여자들도 단 두 가지의 여자다운 감정, 슬픔과 행복만 용납된다. 당신의 가족이나 주변 사람들이 이런 두 감정들의 귀감만 보여주었다면 그 외의 다른 감정들을 분간하고 이해하기가 정말 어려울 수 있다. 남자다운 감정이나 여자다운 감정 같은 건 없다 (아무리 문학에서 감정을 그런 식으로 분류해놓더라도 말이다). 단지 인간의 감정만이 있을 뿐이다. 당신이 건강한 인간이라면 온갖 다양한 감정을 느끼기 마련이다. 과거에 특정 느낌으로 상처를 입은 경험이 있어서 해당 감정을 의식하지 못하게 막을 수 있는 심리적 방어라는 것도 있다. 그에 따라 사람들은 안 좋은 결과에 대한 두려움 때문에 느낌을 억누를 줄 알게 된다. 이렇게 억눌린 느낌은 여전히 그대로 있다가 다른 불쾌한 방식으로 표출될 수 있다. 예를 들어, 살피지 않은 채로 억누르고 있는 감정으로 인해 신체적 고통을 겪게 된다. 그 느낌을 극복하려 헛되이 애쓰다 무의식적으로 자해를 하거나 타인에게 위해를 가하기도 한다. 과학계의 일반적인 결론에 따르면 우리의 결정 중 최대 90퍼센트는 감정에 이끌려 내려진다. 무려 90퍼센트다! 느낌을 제대로 의식하지 않으면 더 좋은 판단에 어긋나는 식의 행동을 하게 될 우려가 있다. 카네기멜런 대학교의 심리학자이자 경제학자인 조지 뢰벤슈타인은 사람들이 행동에 미치는 감정의 영향을 얕보는 경향과 결부지어 '흥분과 냉정 사이의 감정적 간극hot-cold empathy gap'을 규명한 바 있다. 이에 따르면 사람들은 감정이 잠복해 있어, 즉 '냉정한cold' 상태일 때는 잘 생각해 이성적으로 행동할 수 있다. 감정이 각성되어, 즉 '흥분한hot' 상태일 때는 평소답지 않은 결정을 내려 후회할 만한 결과를 초래할 수 있다.[47] 배고프거나 두렵거나 고통스러울 때는 뜻밖의 생각과 행동을 하게 될 수 있다는 얘기다. 따라서 차분한 상태에서의 자신만 알고 있는 것으로는 부족하다. 모든 감정 상태에서의 자신을 알기도 해야 한다. 자신의 느낌을 제대로 처리할 줄 아는 능력은 당신의 행복 수준에 큰 영향을 미치는 중요한 요소다.

감정의 어휘를 늘리고 감정을 더 잘 이해하게 되면 프레임워크를 더 잘 익히게 된다. 이런 능력을 다른 말로 감성 지능이라고 한다. 샐러비, 메이어, 카루소는 감성 지능을 "자신과 남들의 감정에 얽힌 복잡한 정보를 처리하는 능력과 이 정보를 생각과 행동의 지침으로 삼는 능력"이라고 칭하며 이렇게 덧붙였다. "다시 말해, 감성 지능이 높은 사람은 감정에 주의를 기울이는 면에서나 감정을 활용하고 이해하며 잘 다루는 면에서 두루 재능이 있고, 이런 재능은 적응하는 역할에 도움이 되어 자신과 남들에게 잠재적 이점이 되어준다."[48] 심리학자 대니얼 골먼은 감성 지능의 주된 구성요소를 자의식, 자기조절, 내적 동기, 공감력, 사교성으로 규명했다.

여기에서 자의식은 자신의 생각과 감정을, 특히 그 생각과 감정이 일어나는 즉시 분간해내 분명히 표현하는 능력이다. 자기조절은 생각과 감정의 표출을, 특히 감정이 강하게 느껴질 때 능숙하게 잘 다룰 줄 아는 능력을 말한다. 내적 동기는 자신의 가치관을 실천하기 위한 원동력을 갖는 것이다. 공감력은 상대가 어떻게 생각하고 느끼는지에 대해 이해하고 소통하고 감지하는 능력이다. 사교성은 건강한 관계를 맺고 다지고 유지하는 언어적·비언어적인 행동이다.[49] 프레임워크의 지향점은, 결정을 내리기 전에 중대한 모든 정보를 통합적으로 고려하며 감성 지능의 이 모든 구성요소를 갈고닦는 데 있다. 최적의 결정을 내리는 능력이 늘면 자연스럽게 감성 지능도 높아지게 되어 있다!

감정은 어떤 것이 중요한지 아닌지는 암시해줄 수 있지만 그 이유는 알려주지 않는다. 감정을 연기 탐지기처럼 생각하면 된다. 연기 탐지기는 딱 하나의 일을 잘한다. 특정 지역에 연기가 있다는 사실은 잘 알려주지만, 불의 종류나 연기의 원인이나 그 밖의 어떤 정보도 알려주지 않는다. 그저 경보를 울릴 뿐이다! 마찬가지로 우리의 감정도 우리에게 주의를 기울이라고 알려줄 뿐이라, 그 느낌이 전하려는 말이 뭔지는 우리가 알아내야 한다.

따라서 우리 감정에 대해 생각할 시간을 잠깐 가져야 한다. 안 그러면 감정의 이유를 잘못 해석해 잘못된 정보에 따라 서툰 결정을 내릴 수 있다. 사람들은 이런 잘못된 해석으로 서툰 결정을 내릴 때가 많다. 내 경우를 예로 들자면, 나는 아내가 집안일을 하는 내 방식을 놓고 핀잔을 주면 짜증을 느낄 때가 있다. 그러면 보통은 이 느낌을 그대로 놔둔 채 아무 말도 하지 않는다. 하지만 그런 날에는 아내가 얼룩 남은 그릇을 지적하기라도 하면 격하게 화를 내며 아내에게 소리를 지른다. 공격에 비해 터무니없이 과도한 반응을 보이는 것이다. 그러다 내 분노를 처리할 시간을 좀 갖고 나면 내 안의 더 깊은 좌절이 그 주 내내 내가 하는 일에 대해 이런 저런 지적을 하고 있는 직장 동료 때문이라는 걸 알게 된다. 직장에서 무능하게 느꼈다가 아내가 그릇을 가지고 뭐라고 하는 소리에 내 불안감이 자극되었던 셈이다. 분노의 폭발은 나 자신을 방어하고 지키는 내 나름의 무의식적 방법이었다. 통찰이 부족해 느낌을 제대로 처리하지 못하는 바람에 아내를 심하게 대하며 아내에게 고통을 주었다. 감정을 제멋대로 굴게 놔두면 결국엔 후회할 만한 결과를 초래한다.

느낌의 팩트 체크

팩트 #1: 우리가 우리의 감정을 선택하는 게 아니다. 우리의 감정이 우리를 선택한다! 느낌은 우리의 의식보다 더 빠르게 일어난다. 우리의 생각, 신체 느낌, 그 외의 외부 정보에 자동으로 반응한다. 따라서 사람들이 어떤 느낌을 느낀다고 해서 비난하는 것은 부당하다. 사람들은 느낌을 골라서 느끼는 것이 아니다. 어떤 느낌을 놓고 자신이나 다른 사람을 부끄러워한다고 해서 그런 느낌이 멈추는 것도 아니다. 사람이 느낌을 억누르거나 감춘다 해도 그 느낌은 사라지지 않는다. 때로는 강한 감정을 억누르다 결국 탈이 생기게 부채질하고 만다! 진전을 향해 나아갈 길은 느낌을 인정하고 온정적으로 그 느낌을 위한 자리를 만들어주는 것뿐이다.

팩트 #2: 느낌에는 옳거나 틀린 것이 없다. 감정은 다소 재미있는 녀석이긴 해도 선하지도 악하지도 않다. 느낌은 그저 느낌일 뿐이다. 우리는 우리의 감정을 분류하려는 경향이 있다. 분노, 슬픔, 두려움, 경멸, 역겨움은 '나쁜' 느낌으로 구분해서 '좋은' 느낌에는 행복만이 남는다. 사람들이 느낌을 피하려는 것도 당연하다. 우리가 감정의 대부분을 악마화하고 있으니 말이다! 이는 돈이 선하거나 나쁘다고 말하는 것과 같다. 돈은 중립적이다. 사회가 재화를 더 쉽게 교환하기 위해 활용하는 도구일 뿐이다. 돈은 부당한 판결을 얻기 위해 판사에게 뇌물을 주거나, 불법 무기를 사거나, 사람들에게 안 좋은 방식으로 영향을 행사하는 등으로 악한 목적에 이용될 수 있다. 그런데 똑같은 이 돈이 좋은 목적으로 활용되어 아픈 사람들에게 약을 대주거나, 학교를 짓거나, 깨끗한 물을 마실 수 있게 해주는 등으로 쓰일 수도 있다. 돈이 선하게도, 악하게도 활용될 수 있듯 우리의 감정 역시 선행의 촉매제가 될 수도 있고 악행의 촉매제가 될 수도 있다. 느낌 자체는 선하지도 나쁘지도 않다. 느낌의 도덕성을 결정짓는 것은 그 느낌으로 우리가 뭘 하느냐이다.

팩트 #3: 느낌은 욕구를 암시해준다. 심리학자 에이브러햄 매슬로가 세운 그 유명한 매슬로의 욕구 단계설Maslow's hierarchy of needs에 따르면 인간에게는 5단계의 욕구가 있는데 더 높은 단계의 욕구를 처리하기 위해서는 먼저 아래 단계의 욕구부터 충족시켜야 한다. 이 5단계의 욕구에서 맨 아래 단계는 물, 음식, 온기, 휴식 같은 생리적 욕구다. 그다음 단계는 보호, 무사함, 피난처 등을 바라는 안전 욕구다. 우리는 이런 기본적 욕구가 충족되어야 비로소 심리적 욕구를 처리할 수 있다. 이 심리적 욕구의 첫 번째인 다음 단계는 연인, 친구, 동료, 지역사회 사람들 등을 아우르는 욕구인 애정·소속 욕구다. 그다음이 능숙함, 정체성, 성취를 갈망하는 존중 욕구다.[50] 여기까지의 기본적 욕구와 심리적 욕구가 충족되면 마침내 '자아실현 욕구', 즉 전적으로 진정한 자신이 되는 단계에 이른다. 진정한 자신이 되는 것에는 목적과 소명이 있는 삶도 포함된다. 매슬로의 욕구 단계 개념에 의거해 스스로에게 이런 질문을 던져볼 만하다. '혹시 충족되지 않은 욕구가 있을까? 있다면 어느 단계일까?' 일반적으로 배가 고파서 화가 나면 대인관계 욕구를 잘 다루기가 더 힘들어진다! 그 화가 자꾸 '바보 같은 걸 묻는' 동료에게 향하는 것처럼 느껴질 수 있지만 사실은 그냥 배가 고파서 화가 나는 것이다. 욕구를 정확히 분간하면 감정과 행동을 그 욕구에 따라 바꾸는 데 도움이 된다.

대니얼 핑크는 『드라이브: 우리의 동기를 유발하는 동인에 대한 놀라운 진실』에서 자율성, 능숙함, 목적을 향한 인간의 욕구에 주목했다.[51] 매슬로의 욕구 단계설의 관점에서 보자면 이 세 가지 동기는 우리의 존중 욕구에 속하는 특정 측면이다. 여기에서 자율성은 곧 자신의 결정과 할 일을 스스로가 책임지는 독자적인 사람이 되는 것을 말한다. 능숙함은 여러 기술에 능해져 능력을 높이고픈 바람이다. 그리고 마지막의 목적은 결정과 활동이 의미 있길 바라는 것이다. 혹시 당신의 느낌이 이런 동인動因 중 하나가 충족되지 않고 있다는 암시를 보내고 있진 않은가?

결론

지금 느끼는 감정이 어떤 감정인지 전혀 모르겠을 땐 어떻게 하는 게 좋을까? 잘 모르겠을 땐 신뢰하는 사람에게 물어봐라! 당신의 상황을 얘기하며 그런 상황에서 그 상대는 어떤 감정을 느끼는지 물어보면 된다. 이어서 상대가 그런 감성을 느끼는 이유도 물어본다. 상대가 들려준 그 이유가 타당하게 여겨지는지도 생각해본다. 그 느낌이 앞에서 살펴본 보편적 느낌들과 일치하는가? 감정 이면에 숨은 메시지를 알아낼 수 있겠는가? 자신의 느낌을 말로 얘기하면 일련의 효과적인 아이디어가 생겨 그것을 출발점으로 삼을 수 있다. 우리가 전지적 존재가 아닌 점을 감안하면 어떤 이론이 자신에게 가장 공감 가는지 알기 위해서는 이런저런 여러 이론을 세워봐야 한다. 시간이 지나면 서서히 자신의 느낌과, 그렇게 느끼는 이유를 더 잘 헤아릴 줄 알게 되면서, 의사결정 방정식의 필수 정보를 갖추게 될 것이다.

우리의 감정은 무시해선 안 될 중요한 욕구를 암시해준다. 이런 욕구는 우리의 신념, 가치관과 밀접히 맞닿아 있다. 사실, 우리의 느낌은 특정 생각과 서로 연결되지 않으면 잠깐 꾸물거리다 사라질 것이다! 하버드 대학교에서 수련한 신경과학자 질 볼트 테일러 박사가 밝혔듯 감정에 대한 생리적 반응(예를 들어, 빠르게 뛰는 심장, 근육 긴장 등)의 경우는 지속 시간이 약 90초에 불과하다.[52] 가장 최근에 느낌이 이렇게 짧은 순간에 그쳤던 경험을 떠올려보자. 거의 없을 것이다. 그 느낌은 더 강한 감정으로 몇 시간, 심지어는 며칠 동안 지속되었을 것이다! 그렇다면 대체 무엇이 감정을 이렇게 오래 이어지게 하는 걸까? 우리의 생각과, 그 상황에 대해 우리가 스스로에게 계속 건네는 얘기들이다. 생각은 감정이 의미를 끌어내는 원천이다. 우리의 감정을 더 정확히 해독하려면 더 분명하게 인지할 줄 알아야 한다. 따라서 최적의 결정을 내리기 위한 두 번째 요소는 자신의 가치관과 신념을 알아내는 일이다.

6장

자신의 가치관:
나에게 중요한 건 뭘까?

"안경이 잘 보이지 않습니다, 교관님." 내가 말했다. 훈련 중사는 잠깐 머뭇거리는가 싶더니 주먹으로 내 배를 퍽 쳤다. 주먹이 너무 세서 숨이 다 막혔다. 나는 몸이 앞으로 꺾였다가 땅바닥으로 쓰러졌다. 숨을 쉴 수가 없었다. 도움을 청하려고 죽을힘을 다해 올려다봤을 때 내 옆에 서 있던 훈련 상사와 눈이 마주쳤다. 상사는 비웃듯 픽 웃었다. 주먹으로 나를 쳤던 훈련 중사가 말했다. "징징대는 것들은 질색이야. 당장 내 눈앞에서 꺼져, 잉 양."

이 일은 미 육군 신병훈련소에서 훈련을 받던 중에 맛봤던 절망의 순간이다. 나는 조지아 주의 찌는 여름 더위 속에 안경에 습기가 차서 앞이 잘 보이질 않아 소총을 정확히 조준할 수가 없었다. 그때 지휘자들에게 도움을 받기는커녕 신체 폭행에 굴욕을 당하고 인종차별적 발언까지 들었다.

그러다 내가 억지로 등 떠밀려 군에 입대한 게 아니라는 사실이 떠올랐다. 나는 엄마의 바람을 거슬러가며 자원입대했다. 제대군인 원호법에 따라 정부에서 대학 학비를 지원받으려는 의도였다. 그렇게라도 부모님의 경제적 짐을 덜어드리고 싶었다. 나는 개인적 성장, 직업적 훈련, 모험을 중요한 가치로 여겼다. 안경과 그 훈련 교관에 얽힌 이 사건으로 호된 시련을 치렀지만 이 어두운 시기를 끝까지 이겨내는 데 힘이 되었던 한 가지가, 바로 내 이런 가치관이었다. 나는 내 정체성과 군에 입대한 목적을 인식하고 있었다.

당신은 정말로 어떤 사람인가?

조직 심리학자 타샤 유리치가 전 세계의 수천 명을 대상으로 실시된 연구를 바탕으로 밝혔다시피 "대다수 사람들은 자신을 잘 안다고 믿지만 연구 결과에 따르면 실제로는 10~15퍼센트만이 그런 자기인식의 기준에 적합하다"[53]고 한다. 당신은 당신이 생각하는 것보다 자신을 잘 모를 가능성이 아주 높다! 당신은 어떤 사람인가? 아니, 다시 묻겠다. 당신은 정말로 어떤 사람인가? 살면서 이 중요한 질문을 스스로에게 던져본 적이 한 번도 없는 사람들이 많다. 적절한 성찰이 없이는 이 질문에 피상적 답만 나올 것이다. 자신의 역할에 대해 자동적으로 이런 생각을 하게 될지 모른다. '나는 남편이자 아들이자 직원이야.' 아니면 자신의 정체성을 직업이나 종교적 배경이나 민족성과 연결지어 생각할 수도 있다. 이런 특성들은 당신의 정체성을 이루는 여러 측면일 뿐 당신이 어떤 사람인지를 결정짓는 요소는 아니다. 당신의 가치관과 목적을 이루는, 정체성의 더 깊은 면을 알아내야 한다.

개를 생각해보자. 개는 자기가 개라는 걸 어떻게 알까? 그냥 안다. 개들은 그냥 정체성을 갖는다. 막대기를 쫓아 달려가고 멍멍 짖거나 꼬리를 흔드는 등의 행동으로 정체성을 입증해 보이는 게 아니다. 개들이 이렇게 행동하는 건 그저 자신이 개이기 때문에 자연스럽게 그러는 것이다. 이 행동들은 그 개가 어떤 개인지 결정짓진 않는다. 마찬가지로 우리의 정체성 역시 행동에 따라 정해지는 게 아니다. 우리를 일컫는 말인 인간도 행동을 뜻하는 'human doing'이 아니라 존재를 뜻하는 'human being'이지 않은가! 개가 자신의 독특한 행동만으로 결정지어지는 존재가 아니듯 사람의 가치도 행동만으로 결정되지 않는다. 우리는 단지 과거 내력이나, 그것이 뭐든 우리의 마음을 무겁게 짓누를 만한 일만으로 결정지어지는 존재가 아니다. 최적의 결정을 내리는 사람이 되길 갈망한다면 우리가 태어나면서부터 가치 있는 존재라는 인식부터 먼저 가져야 한다. 우리는 가치를 증명해 보여야 가치 있는 사람이 아니다. 본래 가치 있는 사람이고, 본래부터 소중한 존재다. 이 진실을 인정하기로 선택하자. 모든 사람이 태어나면서부터 선천적으로 중요한 존재라는 믿음부터 먼저 갖자. 이런 믿음은 다른 가치관들을 위한 효과적인 밑거름이다. 교수이자 진정한 삶을 주제로 책을 쓴 브레네 브라운이 기막히게 표현했듯 "가치 있는 존재가 되는 데는 필수조건이라는 게 없다. 자신의 가치를 믿으며 사람들과 유대를 맺을 방법을 찾으면 된다. '나는 지금 이대로도 충분해. 이게 나야' 라고 말할 방법을 찾아야 한다."[54]

당신의 진정한 정체성은 당신의 가치관으로 이루어진다. 자신의 가치관을 알아야 진정한 삶과 최적의 결정이 가능해진다. 그저 더 나은 행동을 하며 지름길로 가려 해서는 안 된다. 적절한 말을 하고 적절히 행동한다고 해서 정체성의 핵심 문제가 처리되지는 않는다. 잡초의 잎을 잘라내면 겉보기엔 잡초가 사라진 것처럼 보일지 모른다. 하지만 2주쯤 지나면 어떤가? 잎이 다시 자라 있을 테고, 심지어 이제는 다른 쪽으로 퍼져가고 있을 수도 있다. 더 행복을 느끼고픈 바람 같이, 표면적 문제에만 초점을 맞추면 대개는 문제가 더 악화될 뿐 해결되지 않는다. 잡초를 죽이려면 그냥 잎만 잘라낼 것이 아니라 뿌리를 파내야 한다. 문제의 뿌리(핵심적 욕구와 바람)를 다루면 그 자연스러운 부산물로서 잎(증상)도 제거된다. 물론 더 나은 행동을 하는 일도 여전히 중요하지만 그 일도 문제의 핵심에 바탕을 둬야 한다. 욕구, 감정, 의도를 살펴보며 당신의 가치관을 명확히 해야 한다.

이번 장에서는 가치관의 중요성을 더 제대로 이해하며 가치관에 대해 더 구체적으로 알아보도록 하자. 자신의 가치관을 이해하는 일은 진정한 삶을 살기 위해 꼭 필요한 일이다. 어쨌든 자신의 삶에서 중요한 가치가 뭔지를 모른다면 어떻게 진정성을 가질 수 있겠는가? 지금부터는 당신의 가치관을 분명히 밝히기 위한 출발점으로써, 심리 평가, 존재론적 질문,

활동 등의 여러 방법을 알려주겠다. 나 자신의 가치관과 이 가치관의 토대를 짧게 소개해 가치관이 어떤 식으로 이루어지는에 대한 사례도 보여주겠다. 당신이 남겨두고 싶은 유산에 대해 얘기하며 그런 유산을 바탕으로 당신의 결정을 재정립해보는 시간도 가져보자.

가치관 이해하기

  특정한 것들이 다른 것들보다 더 중요한 데에는 그 나름의 이유가 있다. 내 경우엔 사람들과 사람들의 이야기에 가장 흥미를 느낀다. 정말로 인간은 그 무엇보다 흥미진진한 대상이다! 뻔히 예측되면서도 또 한편으론 저마다 독특하기도 하다. 내가 우울증을 앓는 사람 열 명을 상담한다고 치면 그 중 서로 우울증의 복합적 원인이 똑같은 사람은 아무도 없다. 내가 천성적으로 사람들의 이야기나, 사람들의 삶을 개선하는 문제에 강하게 끌리는 이유는 그것이 내 삶을 더 의미 있게 해주기 때문이다. 누가 나에게 수학에 대해 물어보면 그 순간 내 열의는 제로로 뚝 떨어진다. 미적분을 알아서 뭐해? 그 기호들이 뭐가 중요하다는 거지? 수학자에게 나는 신성 모독자나 다름없다! 수학 덕후라면 수학이야말로 정말로 중요하고 타당한 유일한 존재인 이유를 대며 따지고 들 것이다. 그런데 우리는 왜 이렇게 다른 결론을 내는 걸까? 사람들은 저마다 독자적인 DNA 구조를 갖고 있어 본질적으로 서로 다른 대상에 관심을 갖기 때문이다. 삶의 가장 위대한 모험 중 하나는 의미 있는 삶을 살기 위해 자신에게 진정으로 중요한 것을 알아내는 일이다.

자, 그럼 가치관이란 뭘까? 간단히 말해, 당신에게 정말로 중요한 것이다. 진정으로 중요한 것이다. 가치관은 당신의 이유why다. 당신이 존재하는 이유다. 『스타트 위드 와이, 나는 왜 이 일을 하는가』의 저자 사이먼 시넥도 다음과 같이 밝힌 바 있다. "우리가 무슨 일을 하며 살든 우리의 이유, 즉 우리에게 원동력이 되는 목적이나 명분이나 신념은 절대 바뀌지 않는다"[55]라며 같은 견해를 밝혔다. 당신의 이유를 이해하면 중요한 대상에 대한 당신의 모든 결정, 행동, 소통을 일치시킬 수 있다. 가치관은 당신의 마음을 끄는 것(예를 들어, 바다, 명품 시계)에서부터 다른 사람들의 성격 특성(예를 들어, 의리, 열린 마음)에 이르기까지 뭐든 될 수 있다. 느낌에 대해 이야기한 장에서 살펴봤다시피, 감정이 가치관과 밀접히 연결되어 있는 이유는 느낌이 중요성을 암시해주기 때문이다. 당신은 중요한 것들에 강한 끌림을 느끼게 된다. 당신의 개인적 가치관은 진정성 있는 삶을 사는 길로 이끌어줄 나침반과 같다.

가치관을 분명히 알고 나면 그 가치관을 기준으로 결정과 행동을 판단할 수 있다. 예컨대 당신에게는 '사랑'이 최고 가치관에 들고 사랑이 곧 타인을 위하는 행동을 의미한다고 가정해보자. 그러면 앞으로는 배우자에게 짜증이 날 경우 가치관에 따른 결정을 할 때 가장 먼저 이렇게 묻게 될 것이다. '내가 하려는 이 말이 사랑이 담긴 말일까, 아닐까?' 분명하게 알아낸 가치관에 따라 결정을 판단하게 되면 의식과 책임도 그만큼 높아진다. 당신의 판단이 제 궤도로 잘 가고 있는지 슬슬 옆길로 빠지고 있는지를 자각하게 된다.

개인적 가치관은 성격 특성뿐만 아니라 개인적 도덕성과 윤리에도 영향을 받는다. 사람들은 인간의 모든 미덕에 똑같이 신경을 쓰지 않는다. 가령 어떤 사람은 친절함보다 진실함에 더 신경 쓸 수 있다. 하지만 가치관에서 다른 무엇보다도 중요한 것은 행동이다. 그냥 말이 아닌 행동이 중요하다. 사람들은 말로는 정직성을 소중히 여긴다고 하면서도 구린 구석이 있는 금전상의 기회가 생기면 말과 다르게 행동할 수 있다. 이런 경우엔 정직성이 아니라 금전의 획득이 주된 가치관이다. 냉혹한 진실 아닌가? 자신의 가치관을 알아내는 일은 기분 좋게 들리는 미덕을 고르는 그런 아기자기한 일이 아니다. 당신의 감정과 행동은 당신이 정말로 중요하게 여기는 것이 뭔지를 드러내기 마련이다. 성경의 몇 구절에도 이런 개념이 잘 담겨 있다. 『마태복음』 7:17~20에 보면 "이와 같이 좋은 나무마다 아름다운 열매를 맺고 못된 나무가 나쁜 열매를 맺나니 (중략) 이러므로 그들의 열매로 그들을 알리라"라고 되어 있고 『누가복음』 6:45에도 다음과 같이 쓰여 있다. "선한 사람은 마음에 쌓은 선에서 선을 내고 악한 자는 그 쌓은 악에서 악을 내나니 이는 마음에 가득한 것을 입으로 말함이니라." 우리가 내리는 결정은 우리 가치관의 반영이다. 당신의 행동은 당신의 가치관에 대해 무엇을 말해주는가?

가치관을 통합적으로 알아내는 식의 사고를 하자. 당신은 여러 가지 표출들로 이루어진 통합적인 사람이다. 우리는 스스로를 신체적·정서적·

정신적·영적 부분으로 따로따로 생각할 수도 있다. 이런 여러 측면에서 자신의 개성을 개념화할 순 있지만 이 부분들이 제대로 기능하려면 서로 영향을 주고받아야 한다. 우리 자신을 이루는 이런 부분들은 조화를 이루어 협력한다. 사람이 감정적인 면은 무시한 채 정신의 논리적 근거만으로 활동할 경우 정신적·정서적 혼란이 일어난다. 감정이 역겨움과 두려움의 신호를 보내고 있을 때는 사고방식에서 '열린 마음'을 계속 이어가기 힘들다. 여러 부분 사이에 분리가 일어난 이유를 다시 판단해볼 시간을 가져야 할 수도 있다. 이런 개인적 부분들이 모두 합동하고 협력하게 해야 한다. 통합적 인간으로 사는 것을 목표로 삼아야 한다. 프레임워크도 당신이 통합적 자아와 연결된 결정을 내리도록 짜여 있다. 건강의 의미를 정의하라면, 나는 당신 자신의 모든 측면들이 합동하여 조화롭게 활약하는 것이라고 말하고 싶다. 이런 식의 건강은 우리의 머리와 마음에서 불필요한 동요를 없애준다.

자신의 가치관에 따라 살아간다는 것은 궁극적으로 자신에게 중요한 삶에 일조하는 것이다. 앞의 여러 장에서 살펴봤듯 진정성은 최적의 결정을 위한 중요한 가치관이다. 반면에 진정성 없이 살아가면 분열된 자아감을 갖게 되어 전반적 고통을 겪기 쉽다. 여기에서는 사람들이 대체로 자신에게 중요한 가치관이 여러 가지로 다양한 편이라는 점도 알아둘 만하다. 예를 들어, 켈리에게는 설렘과 새로움이 중요해 고위험 스포츠를 즐기는 식으로 이런 가치관을 표출할 수 있다. 그런데 그녀는 또 한편으론 안전과 무사함도 중요하게 여겨 지나칠 정도로 보호장구를 챙기고 안전

규정을 엄격히 따른다.

최적의 결정을 내리기 위해서는 상황에 맞춰 가치관을 적절히 통합해야 한다. 이런 다양한 가치관을 조화롭게 실천하려는 마음을 가질 때 더 최적의 삶을 일구게 된다.

정신과 의사인 빅터 프랭클은 『죽음의 수용소에서: 죽음조차 희망으로 승화시킨 인간 존엄성의 승리Man's Search for Meaning』에서 의미 있는 삶을 다음과 같이 포착했다.

사람이 삶의 의미에 이르는 길은 크게 세 갈래로 나뉜다. 첫 번째 길은 할 일을 만들거나 어떤 행동을 하는 것이다. 두 번째 길은 어떤 일을 겪거나 누군가와 만나게 되는 것이다. 다시 말해, 의미는 일에서만이 아니라 사랑에서도 찾을 수 있다. (중략) 하지만 삶의 의미에 이르는 가장 중요한 길은 세 번째 길이다. 희망이 없는 상황 속에서 바꿀 수 없는 운명을 마주해 무기력한 상태에 놓인 사람조차 자신을 뛰어넘고 초월해 성장함으로써 스스로를 변화시킬 수 있다. 개인적 비극을 승리로 승화시킬 수 있다. 더없이 비참한 사람들조차 어떠한 상황에서든 여전히 삶에 의미가 있을 수 있듯, 모든 사람 각자의 가치관도 여전히 변치 않고 그대로일 수 있다. 가치관은 그 사람이 과거에 깨달은 바에 기반하는 것이지 그 사람이 현재도 여전히 그 가치관을 실현할 수 있는가의 여부에 따라 좌우되는 것이 아니기 때문이다.[56]

나는 정말로 중요한 가치관은, 프랭클이 삶을 의미 있게 해주는 요소로 꼽은 세 가지인 일, 사랑, 자신의 욕구를 초월하는 대의와 일치하는 경우가 많나고 본다. 이런 가치관은 자기 자신의 행복을 넘어서서 더 큰 선에 이바지할 이유를 위해 사는 가치관이다.

이어서 당신의 가치관을 깨달아 삶을 의미 있게 살아갈 방법을 알아보자.

자신의 가치관 찾기

잘 살려면 나의 개성과 일치하는 가치관을 세워야 한다. 그런데 나의 가치관을 알려면 어떻게 해야 할까? 가치관에 대해 알아볼 출발점으로 좋은 몇 가지 방법이 있다. 우선, 자신의 개인적 가치관과 자신에게 가장 중요한 게 무엇인지부터 알아보면 된다. 나의 독자적 가치관을 알면 의사결정의 보편적 기준선이 생긴다. 가치관이 여러 결정들을 비교할 기준점이 되어준다. 정체성을 세우는 일에 서툰 사람들은 가치관을 알아내는 과정에서 정체성과 경험의 여러 가지 면들을 이리저리 시도해봐야 할 수도 있다. 어느 정도 정리가 된 후에도 가치관의 일관적인 리스트를 세우기 위해 더 많은 인생 경험을 해가면서 유지보수를 해야 한다. 여기에서 '유지보수'란 이 가치관들을 다시 들여다보며 재평가해 여전히 자신에게 맞는 가치관인지 확인하는 것을 말한다. 사람은 변하기 마련이고 살면서 새로운 일들을 겪다 보면 이전의 가치관에 큰 의문이 생길 수도 있다. 이것이 꼭 나쁜 것은 아니다! 이런 과정을 통해 진정한 자신에게 더 가까이 다가갈 수도 있다. 자신의 정체성을 검증해보지 않으면 가짜 정체성을 세워 스스로를 속이기 쉽다.

가치관을 알아내기에 아주 좋은 방법 한 가지가 심리 평가다. 어쨌든 적절한 답을 찾기 위해 꼭 필요한 과정은 적절한 질문을 던지는 일이다. 심리 테스트를 해보면 나에 대한 중요한 정보가 드러날 수 있고, 그 정보를 잘 맞춰서 자신의 가치관에 대한 타당한 답을 얻을 수도 있다. 내가 개인적으로 선호하는 테스트는 에니어그램 성격 테스트Enneagram personality test로, 성격 유형을 알아보는 데 아주 유용한 도구다. 당신이 특정 방식으로 행동하는 동기와 이유를 알게 해준다! 당신이 압박을 받을 때 보이는 성격과 당신 자신의 '어둡고 해로운 면'도 드러내준다. 그 외의 유용한 성격 테스트로, 골드 스탠더드gold standard, 빅 파이브 성격 테스트Big Five Personality Test(예를 들어 16PF, NEO-PI-R, IPIP-NEO 등), DISC, LIFO 서베이 LIFO Survey 등도 있다. 성격 테스트를 처음 해보는 사람에게는 MBTIMyers-Briggs Type Indicator도 추천할 만하다. 이 성격 테스트들은 스스로에게 솔직한 질문을 던져보기에 유용한 도구다. 먼저 나 자신을 알아야 한다! 테스트 결과들이 당신의 가치관을 명확히 짚어주진 않을 테지만 테스트의 답들은 당신 고유의 장점과 성격 특성을 시사해준다. 당신의 성격을 이해하고 나면 당신의 가치관을 알려줄 만한 특성들을 더 잘 가려낼 수 있다.

주의할 점으로, 자문자답식이다 보니 질문에 솔직히 답하기보다 유리한 답을 하고 싶어질 수도 있다. 그랬으면 좋겠다는 바람이 아니라 실제로 가장 자주 드는 생각이나 느낌으로 답하기 바란다. 너무 부정적으로 답해서도 안 된다. 이런 식의 상황형 질문에는 '대다수의 경우에' 대응할 만한 방식을 생각해서 답해야 한다. 때로는 '처음 든 생각이 가장 좋은 생각'이라는 사고방식을 갖는 편이 지나치게 분석해 답하는 일을 최소화하는 데 도움이 된다.

짤막한 예시로, 나의 에니어그램 성격 테스트 중 일부를 공개하겠다. 내 경우엔 가장 높은 점수가 나온 성격 유형이 3유형Type 3이었다. 3유형은 '성취가' 유형이라고도 부르며, 이런 유형의 주된 동기는 성공과 효율성이다. 나는 성취욕구가 강한 것으로 드러나기도 했는데 사실 이런 면은 나 자신을 가장 잘 특징짓는 면이다. 내가 이 책을 쓰게 된 이유에도 이런 면이 어느 정도 작용했다. 나에겐 최고의 내가 되고 남들을 돕자는 가치관이 가장 중요하기에 성취욕구가 자극될 만했다! 3유형의 사람들은 개인적 가치를 성과나 긍정적인 겉모습과 동일시한다. 나는 심한 스트레스를 받으면 안절부절못하다 손에 익은 익숙한 일들을 벌이며 '부산'을 떨기 일쑤다. 그런 행동이 다른 핵심적 가치관들에서 이탈하더라도 개의치 않는다. 남들에게 긍정적 피드백을 얻고픈 마음에 혹해 때때로 긍정적인 허울을 거짓으로 꾸며내며 진정성을 잃는다. 그런데 에니어그램 성격 테스트 결과 덕분에 나는 내 장점과 단점을 더 잘 의식하게 되었다. 나의 가치를 신이 나를 보는 관점 같은 보다 영구적인 쪽에 두고, 우수한 성취를 내려 힘쓸 때 사람들의 칭찬보다는 그 자체의 보상을 가치관으로 삼아야

겠다고 깨우치기도 했다. 알고 봤더니, 개인적 성장을 중시하는 나의 가치관은 내 장점을 지렛대로 잘 활용하는 한편 내 단점을 다루는 데도 도움이 된다. 당신의 성격 테스트 결과는 당신에 대해 무엇을 드러내주는가?

 이 외에 자신의 또 다른 면들을 드러내주는 특정 테스트들도 있다. 호간 Hogan의 MVPI(Motive, Values, Preference Inventory)는 특정 가치관(예를 들어, 미학, 유대, 이타주의, 교류, 쾌락주의, 힘, 인정, 과학, 안전, 전통 등)에 대한 타고난 애착을 분간해준다. 취향은 선하지도 나쁘지도 않다. 사람은 원래 특정한 것들에게 다른 것들보다 더 관심을 갖게 되어 있을 뿐이다. 도날드 O. 클리프턴의 클리프턴스트렝스CliftonStrengths 34(별칭 StrengthsFinder 2.0)와 마커스 버킹엄의 스탠드아웃 어세스먼트The StandOut Assessment는 당신의 최대 장점들을 부각시켜주며 그 장점들을 삶에 접목시킬 방법에 대한 아이디어를 제시해준다. 트래비스 브래드베리와 진 그리비스의 이모셔널 인텔리전스Emotional Intelligence 2.0은 감성지능을 이루는 네 가지 영역을 활용해 당신의 각 영역별 등급을 평가해 해당 영역을 보강할 만한 특정 기술을 제안해준다.[57] 스티븐 코비의 『신뢰의 속도』에는 당신의 신뢰도(정직성, 의도, 능력, 성과)를 알아보기 위한 짧은 평가와 함께 이 중 약한 부분을 개선시킬 방법이 제시되어 있다.[58] 연애 관계에서의 가치관을 알아보고 싶다면 프리페어/인리치Prepare/Enrich 평가를 추천한다. 관계에서 가장 중요한 아홉 가지 영역(예를 들어, 소통 스타일, 성적 기대, 관계 역할, 영적 믿음, 금전 관리, 파트너 스타일 및 습관, 갈등 해결, 가족, 친구 등)에 걸쳐 성장시킬 만한 부분과 장점을 찾아줄 것이다. 아내와 나도 결혼 전 상담 차원에서 이 프리페어/인리치 평가를 활용했는데 더 각성된 상태에서 결혼생활에 입문하게 되어 도움이 되었다! 갈등이 생겨도 그런 문제에 대비가 되어 있었던 덕분에 웬만해선 충격에 빠지지 않았다. 이 중 어떤 평가를 골라서 해보든 간에 중요한 것은 당신의 정체성과 가치관에 눈뜨는 데 도움이 되는 정보를 얻는 데 있다(이 평가와 관련된 웹사이트와 자료들에 대해서는 관련 참고 사항을 참조하기 바란다).

이런 딱딱한 양식의 평가가 내키지 않는다면 가치관을 알아볼 다른 방법들도 있다. 내가 나 자신에 대해 더 분명히 알아보기 위해 직접 해봤던 것들 중 자넷과 크리스 애트우드의 열정 테스트The Passion Test는 비교적 덜 딱딱한 편이다. 이 테스트에서는 일련의 질문을 통해 당신의 관심사를 가장 중요한 것에서부터 가장 중요하지 않은 것까지 순서를 매겨준다. 질문의 몇 가지 예를 들면 다음과 같다.

· "500권이나 되는 책을 읽거나 수없는 동영상을 봐도 지루해지지 않을 만한 주제는 뭔가?"
· "뭐든 해볼 만큼 금전적 여유가 충분하다면 뭘 하면서 지내고 싶은 가?"
· "실패할 가능성이 없다는 것을 아는 상태에서 뭐든 할 수 있다면 뭘 하고 싶은가?"[59]

좀 더 일반적인 가치관들을 고려사항으로 활용하는, 수정형 테스트를 해볼 수도 있다. 이때는 참고할 가치관들을 검색하기 전에 먼저 머릿속에 떠오르는 가치관들을 적어보며 스스로 찾아보길 권한다. 그런 다음 구글 같은 검색엔진에서 '가치관 리스트list of values'를 검색해보면 된다. 검색해보면 50~200가지에 이르는 가치관 리스트들이 뜰 테니 그 중에 고르면 된다(처음엔 비교적 짧은 리스트를 고르는 편이 좋을 것이다). 그 리스트에 당신 자신의 가치관을 추가해 적어놓는다. 리스트를 쭉 훑어보며 더 강하게 마음에 와닿는 가치관에 동그라미 표시를 한다. 이때는 당신의 생각과 느낌이 아주 중요한 역할을 한다. 각 항목을 비교하며 어떤 가치관이 더 높은 순위에 드는지 따져볼 때는 먼저 느낌부터 살피길 권한다. 어떤 가치관이 더 강한 느낌을 일으키는가? 잠시 그 가치관을 찬찬히 음미해본다. 마음속에서 중요하게 다가오는가? 이번엔 마음속을 들여다보며 그런 느낌이 다른 가치관들보다 더 강하게 와닿는 이유를 풀어내본다. 그 가치관이 당신에게 어떤 의미인지 명확히 짚어본다. 그것을 삶의 가치관으로 삼는 일의 중요성을, 시간을 갖고 천천히 생각해본다. 그다음엔 중요도의 순서에 따라 가치관들의 순위를 매긴다. 리스트의 가치관들을 들여다보며 하나씩 비교한다. 예를 들어, 리스트에 자유와 가족이 있다고 해보자. 선택을 해야 한다면 어느 쪽이 더 강하게 와닿는가? 가족보다 개인적 자유가 먼저라면 개인적 자유를 리스트의 위쪽으로 옮긴다. 이번엔 가족을 돈과 비교하면서 똑같이 해본다. 어떤 가치관을 '옳은' 것이거나 '적절한' 것인지를 두고 판단해서는 안 된다. 가치관은 그냥 가치관일 뿐이다. 당신의 가치관들을 건강하게 접목시킬 방법을 찾을 수 있도록 스스로에게 솔직해야 한다. 당신에게 삶이 의미 있으려면 어떤 가치관을 인정하고 드러내야 할 것 같은가?

　가장 중요한 가치관들을 알아내면 그 가치관들을 의사결정에 의식적으로 접목해볼 수 있다. 그 가치관 대부분이 가치관으로 삼기에 기분 좋은 것들일 테지만 그 중에서도 가장 중요한 가치관이 있을 것이다. 이런 원칙은 게리 채프먼의 『5가지 사랑의 언어』에도 잘 담겨 있다(이 저서 역시 심리 평가로 활용하기에 아주 유용하다). 사랑의 언어는 사람들이 사랑을 전달하고 받는 방법이다. 여기에서 말하는 다섯 가지 사랑의 언어는 1) 인정하는 말, 2) 스킨십, 3) 함께하는 시간, 4) 봉사, 5) 선물이다.[60] 대다수 사람들은 이 다섯 가지 방법으로 사랑을 경험하고 싶어 하지만 이 다섯 가지가 똑같은 비중을 차지하지는 않는다! 이 애정 표현법 중 한두 가지가 더 강하게 와닿을 수도 있어서 그 부분이 부족하면 사랑받고 있다는 느낌을 받지 못하기 마련이다. 예를 들어, 내가 '인정하는 말'과 '스킨십'을 우선시하는 사람이라고 쳐보자. 상대가 나에게 진심이 담긴 선물을 주면 나는 고마워하고 행복하겠지만 인정하는 말과 스킨십만큼의 감화는 받지 못할 것이다. 나는 아내에게도 내가 돈이 적게 드는 데이트 상대라고 말한다. '정말 잘했어!'나 포옹을 해주는 것만으로 애정 탱크가 꽉 채워질 사람이라…… 몇 초의 시간만 들이면 되니 말이다! 우리는 우리의 삶이 적절한 사랑의 언어로(그 중에서도 특히 자신에게 가장 중요한 언어로) 채워지길 바라는 것처럼 나날의 삶이 우리에게 중요한 가치관을 반영해주기도 바란다.

　자신의 가치관을 알아보기에 재미있는 방법으로, 밸류즈 옥션Values

Auction이라는 게임도 있다.[61] 나도 이 게임을 우리 병원 프로그램을 통해 십대들과 해봤다. 이 게임은 참가 인원수가 많을수록 희소성과 경쟁이 그만큼 높아지기 때문에 효과가 좋다! 진행 방식은 이렇다. 사회자가 일련의 가치관을 제시하며 모든 사람에게 입찰에 쓸 돈으로 가상의 돈 1,000달러씩을 준다. 우리 병원에서 제시한 가치관은 다음과 같았다. 1) 안락한 삶, 2) 평등, 3) 재미있는 삶, 4) 가정의 안정, 5) 자유, 6) 행복, 7) 내면의 조화, 8) 성숙한 사랑, 9) 국가 안보, 10) 즐거움, 11) 구원, 12) 자존감, 13) 성취감, 14) 사회적 인정, 15) 진정한 우정, 16) 지혜. 사회자가 각각의 가치관을 경매에 부치면 참가자들은 마음에 드는 가치관에 입찰을 건다. 우리 게임에 참여한 아이들의 경우엔 경매가 시작되기 전에 자신이 정말로 원하는 가치관을 머릿속에 담아둔 상태였다. 각자의 가치관은 다른 사람들이 맞서서 더 높은 값을 부르는 순간 검증을 받게 된다. 그 순간 결정을 내려야 한다. '내가 이 가치관을 얼마나 절실하게 바라고 있을까?' 아이들 중엔 가족 같은 단 하나의 가치관에 가진 돈 전부인 1,000달러를 모두 건 아이들도 있었다. 이는 자신에게 가장 중요한 가치관이 뭔지에 그만큼 확신이 있다는 것이다. 어떤 아이들은 너무 겁을 먹어 입찰을 걸지 못하다 모든 가치관이 다 나올 때까지 더 좋은 가치관만 기다리다 끝나기도 했다. 다른 애들이 돈이 떨어졌을 때 싼값으로 다른 가치관을 더 획득하는 식으로 부수적 선택을 더해 여러 개의 가치관을 얻은 아이들도 있었다. 게임이 끝나고 나면 쓸모없어질 돈이었던 점을 감안하면, 돈을 '아낀' 아이들은 대체로 아무것도 얻지 못했다. 이 게임은 가장 중요한 가치관을 찾는 데 도움이 될 만한 사회적 역학과 압박을 더해주어 유용하다.

　가치관을 세우기 위해 꼭 종교적이거나 영적인 마음을 가져야 하는 건 아니다. 과거든 현재든 시대를 막론하고, 자신의 가치관을 분명히 드러내고 증명해 보인 덕분에 명예로운 삶을 사는 본보기를 보여 주는 훌륭한 인물들이 얼마든지 있다. 교육자 존 듀이(1859~1952) 같은 사람들은 교육의 가치를 믿으며 사람들이 들은 대로 아무 생각 없이 믿기보다 머리를 쓰게 하는 체계를 만들었다.[62] 과학자 마리 퀴리(1867~1934)는 방사능을 발견해 암 치료의 길을 열었다.[63] 마하트마 간디, 안네 프랑크, 달라이 라마, 말랄라 유사프자이, 알렉산더 해밀턴 같은 사람들은 저마다의 이념으로 사회에 크게 기여한 사람들 중 소수의 사례에 불과하다. 어떤 가치관을 품든 자신의 정체성은 스스로가 결정해야 한다. 자신의 진정한 가치관을 따르며 그 가치관을 최적의 결정에 접목시켜라. 당신이 무엇을 중요한 가치관으로 삼을지는 내가 말해줄 수 있는 것이 아니다. 정체성의 형성은 하나의 과정이다. 재촉한다고 되는 게 아니다. 당신 자신을 알고픈 목마름과 호기심에 따라 알아낼 만한 여지를 만들어라. 시간을 갖고 천천히 검토하면서 당신 자신의 가치관을 찾아가라.

　마지막으로 내 가치관을 덧붙이자면, 나는 죽음을 삶의 한 과정으로 인정하고 싶다. 죽음에는 삶을 적절한 관점으로 바라보게 해주는 어떤 묘미가 있다. 실존주의 심리학으로 유명한 정신의학자 어빈 얄롬은 이렇게 말했다. "삶과 죽음은 상호의존적이다. 죽음은 우리의 육체를 파괴하지만 죽음에 대한 의식은 우리를 구원한다. 죽음을 의식하면 삶이 더 사무치게 다가와 인생관이 크게 달라져, 뒤숭숭함과 진정과 자잘한 근심이 반복되는 생활양식에서 벗어나 더 진정성 있는 생활양식을 갖게 된다."[64] 아주 인상적인 개념이다. 대다수 사람들이 죽음을 무서워하지만 지나친 걱정에 매달리다간 진정한 삶을 살지 못할 뿐이다! 지상에서의 우리의 시간이 한정되어 있다는 사실을 의식하면 그만큼 절박해져 지금 현재에서 최선을 다해 살도록 분발된다. 필요한 위험을 주저 없이 감수하며 개인적 성장을 일구고 사람들을 잘 사랑하자. 내일은 장담할 수 없으니.

기억되고 싶은 대로 살아라. 사람들이 자신이 남길 유산에 신경 쓰는 이유는 우리 각자의 내면에 어떤 영구적인 것이 자리해 있기 때문이라는 것이 내 개인적 신념이다. 로레인 닐론의 말처럼 "짊어진 감정의 짐을 해소하는 일이든 영원한 영혼으로 존재하는 진실을 받아들이는 일이든, 삶을 사는 데는 만능의 접근법이라는 건 없다."[65] 당신 자신의 길은 스스로 만들고 발견해야 한다.

마지막으로 고민해볼 거리는 부고나 추도 연습이다.[66] 평생을 살며 당신이 만나온 모든 사람이 한 방 가득 모여 있다고 상상해보자. 그 중엔 당신이 사랑했던 사람, 당신을 사랑했던 사람, 당신을 싫어했던 사람, 짧게 인사만 나눈 잘 모르는 사람 들을 비롯해 온갖 인연의 사람들이 섞여 있을 것이다. 이 사람들이 당신의 장례식에 참석해 있고 당신이 맨 앞줄에 앉아 있다고 상상하자. 여러 사람이 앞으로 나와 당신이 자신에게 미친 영향을 얘기한다면 이때 당신은 어떤 얘기를 듣고 싶은가? 당신은 어떤 사람으로 기억될까? 평생 동안 어떤 중요한 일을 했는가? 시간을 갖고 찬찬히 사람들이 당신의 삶에 대해 해주었으면 하는 말들을 적어봐라. 그것이 당신이 이상적으로 생각하는, 잘 살아낸 삶의 추도사다.

이번엔 상황을 반대로 뒤집어보자. 어떤 사람이 당신의 삶에 대해 아주 지독한 얘기를 하는 상상을 해보자. 말하자면 당신에 대한 안티anti 추도사를 듣게 되는 셈이다. 사람들이 기억하지 않았으면 좋을 만한 순간이나 사건은 뭔가? 다른 사람들에게 어떤 상처를 주었는가? 어떤 행동들이 죄책감과 수치심을 들게 할 것 같은가? 어떤 삶이 그저 그런 평범하고 헛된 삶일까? 시간을 갖고 찬찬히, 정말 듣기 싫은 얘기를 적어봐라. 그것이 당신이 악몽 같이 끔찍해하는, 형편없는 삶의 추도사다. 냉정하게 곰곰이 생각하는 시간을 가져봐라. 이어서 지난주에 했던 생각과 행동 들도 떠올려보자. 가장 자주 했던 생각들뿐만 아니라 당신이 취했던 구체적 행동들을 쭉 적은 후 지난주의 활동들과 이상적인 추도사를 비교해봐라. 그 행동들이 당신의 가치관과 일치하는가? 당신이 남기고 떠나고 싶은 유산에 일조할 만한가? 이번엔 지난주의 활동들을 악몽 같은 추도사와 비교해봐라. 혹시 당신이 남겨놓고 싶지 않은 유산에 영향을 줄 만한 행동들은 없었는가? 지금의 활동 중 도움이 되는 활동은 뭐가 있는가? 지금의 활동 중 1년 후에는 중요하지도 않을 만한 활동 한 가지를 든다면? 바람직한 유산을 만들기 위해 최우선적으로 필요한 변화는 뭔가?

결론

행동방식에 대해 어떤 결정을 내리든 간에 최적의 결정을 내리는 데는 정체성과 자신의 가치관을 분명히 해두는 일이 아주 중요하다. 진심으로 최적의 결정을 내리고 싶다면 이 과정을 건너뛰어선 안 된다! 지름길은 없다. 정체성을 형성하려면 전념해서 노력하고 애써야 한다. 가치관을 한두 개밖에 찾지 못하더라도 우선은 그 가치관들부터 받아들이면 된다! 그 가치관들을 마음속 가장 중심에 새겨놓고 결정에 접목시켜라. 진정으로 중요한 가치관은 겉으로 드러나고 중요성이 떨어지는 일들은 눈에 띄지 않는 이면으로 떠밀려나게 되어 있다. 당신의 목적은 바로 당신의 가치관에 따라 좌우되니, 시간을 갖고 찬찬히 그 가치관을 찾아봐라. 가치관은 나날의 결정을 인도하는 북극성이 되어 진정성과 더 뿌듯한 자존감을 끌어내준다.

당신 자신의 가치관을 더 분명히 알게 되었다면 그다음에 갖출 요소는 상대의 가치관이 당신의 가치관과 일치할 수도, 일치하지 않을 수도 있는 현실을 헤쳐 나가는 일이다.

7장

상대의 가치관:
관련자들에게 중요한 건 뭘까?

우리가 겪는 갈등의 대부분은 비효과적인 소통 때문이다. 『아주 행복한 결혼생활의 놀라운 비밀』의 저자 션티 펠드한이 알려준 통계치에 따르면 놀랍게도 "어려움을 겪는 관계에서조차 배우자의 97퍼센트는 상대 배우자에게 관심이 있었다. 하지만 10명 중 4명 이상은 배우자가 자신에게 관심이 없다고 믿는다."[67] 왜 이런 불일치가 일어나는 걸까? 파트너가 자신에게 그다지 관심이 없다고 믿은 배우자들은 빗나간 기대를 악의적으로 해석했다. 더군다나 파트너의 '애정 있는' 행동도 애정으로 받아들이지 않았다. 선의와 전달 간에 큰 불일치가 나타났다는 얘기다.

사람들이 뭘 바라는지에 대한 우리의 인식이 항상 정확한 건 아니다. 지레짐작assumption이라는 단어를 보면 나는 "Assume makes an ASS out of U and ME(지레짐작은 당신과 나를 바보로 만든다)"가 생각난다. 이 말은 상대의 가치관에 대해서도 해당되는 말이다.

사람들이 자신과 똑같은 것을 중요하게 여긴다고 넘겨짚어서는 안 된다. 존중, 애정, 인정을 바라는 욕구는 사람들 사이에서 보편적이고 일반적인 원칙이다. 하지만 존중받고 사랑받고 인정받고 싶은 방식은 사람마다 다를 수 있다. 예를 들어, 내 아버지는 매운 중국음식을 즐겨 드신다. 나는 매운 음식을 싫어한다. 아버지가 당신 딴에는 '최선의' 요리를 해주고 싶은 마음에 매운 중국음식을 만들어주겠다고 우긴다면 아버지의 의도와는 상관없이 나에겐 그것이 애정의 표시로 받아들여지지 않을 것이다. 이 대목에서 다시 '상대가 대접받고 싶어 하는 대로 상대를 대하라'는 백금률이 떠오른다. 이 백금률은 '당신이 대접받고 싶은 대로 상대를 대하라'는 황금률보다 더 나아간 자세다.

우리가 이렇게 잘못 넘겨짚는 이유는 뭘까? 사람들이 자신만의 도식 schema이나 복합개념이나 '대본'을 통해 세상을 인식하기 때문이다. 심리학자 장 피아제에 따르면 도식은 본질적으로 말해서 자기 나름의 믿음에 따라 세상을 바라보는 세계관이다. 이런 도식은 유년기 초기 때부터 형성되어 인생 경험을 통해 틀이 잡힌다. 시간이 지나는 사이에 우리는 다른 사람들의 세계관도 자신의 도식과 같을 거라고 지레짐작한다. 한 가지 흔한 도식으로 '세상과 세상 사람들은 본래부터 이기적이고 믿을 수 없다'는 세계관을 예로 들어보자.[68] 이런 믿음이 깔려 있을 경우 당신은 본능적으로 더 조심스럽게 행동하며 사람들의 동기를 의심하기 마련이다. 이렇게 되면 의도치 않은 결과가 뒤따라, 당신의 불신적인 그 행동으로 인해 사람들이 당신을 덜 신뢰하게 될 만한 '분위기'가 형성될 것이다. 그러면 당신의 도식은 더 보강되고 만다. '확실히 사람들은 믿을 수 없다니까!' 이른바 믿는 대로 이루어지는 자기충족적 예언이 되는 것이다. 여기에서의 아이러니는 우리 자신이 그런 바람직하지 못한 결과를 만드는 장본인이라는 점이다! 스티븐 코비의 말처럼 "우리는 세상을 있는 그대로 보는 게 아니라 자신의 관점대로, 다시 말해 길들여진 관점대로 본다. 입을 떼어 우리가 보는 것을 묘사하는 순간 그것은 사실상 우리 자신, 우리의 인식, 우리의 패러다임의 서술이다."

심리학자 제프리 영은 방치/불안정, 불신/학대, 정서 박탈, 결함/수치 등 해로운 관계 역학을 부추기는 특정 도식을 알아냈다. 도식은 그대로 방치해두면 서툰 결정을 내리도록 충동질할 소지가 있다.[69] 『옥스퍼드 스포츠·과학·의학 사전』에 보면 망상 활성계RAS, Reticular Activating System라는 인상적인 뇌 영역 항목이 수록되어 있는데, 이 망상 활성계는 '중요하지 않은' 정보를 걸러내고 그 사람의 도식에 잘 맞는 증거는 부각시키도록 설계되어 있다고 한다.[70] 당신은 그 믿음이 사실이든 아니든 상관없이 본질적으로 당신이 찾고 있는 것을 찾게 된다는 얘기다.

도식에서 벗어나기 위해서는 이런 질문을 던져봐야 한다. '다른 사람들의 가치관은 어떻게 될까?' 다른 사람들에겐 뭐가 중요할까? 그 사람들의 필요성과 바람은 뭘까? 최적의 결정을 끌어내려 할 때는 다른 사람들이 뭐에 관심을 갖고 있는지 주의를 기울이는 것이 좋다. '손바닥도 마주쳐야 소리가 나는 법'이라는 말이 있듯이 우리는 함께 협력해서 나아가야 한다. '내 식대로 하든가 아님 관둬' 식의 사고방식은 상호 존중적인 관계를 갖는 데 도움이 되지 않는다. 물론, 자신의 필요성을 옹호하며 소신을 당당히 밝히고 싶을 수도 있다. 하지만 사람들이 오로지 자신만의 필요성을 마음에 둔 채로 상황을 다루면 문제가 생긴다. 최적의 결정을 내리려면 모든 관련 당사자가 자신의 필요성을 충족시킬 만한 '윈윈win-win' 해법을 끌어내기 위해 단호히 노력해야 한다.

매운 중국음식의 비유처럼 우리는 사람들도 자신과 똑같은 것을 원한다고 지레짐작한다. 설령 그 짐작이 맞더라도 자신이 내린 답이 정말 맞는지 검증해봐야 양쪽의 기대를 확실히 밝힐 수 있다. 내 아내는 세상에서 나를 가장 잘 아는 사람일 것이다. 우리는 셀 수 없이 많은 시간을 함께했고 수많은 경험을 공유한 사이다. 아내는 이제는 나의 별로 좋지 못한 면까지 시시콜콜 안다. 사실, 나는 음식을 많이 가린다. 어쩌겠는가? 그게 내 식성인 걸! 가끔씩 아내는 같이 먹을 음식을 사 온다. 그런데 베트남 쌀국수를 포장 주문할 때 내가 메뉴 17번 대★자를 좋아한다는 걸 알면서도 여전히 물어본다. "뭐 먹을 거야?" 그럴 때면 나에게 뭐가 필요한지 확인하기 위해 내가 어떤 걸 원하는지 확실히 밝힐 기회를 주는 아내에게 고마움을 느낀다. 이런 것이 확실한 소통이다.

아내가 나한테 뭘 원하는지 물을 때 내가 "모르겠는데. 당신이 알아서 시켜줘"라고 대답한다면 어떨까. 그러면 아내에게 별로 맛없는 음식을 고를 위험을 지우는 격이 된다. 음식이 맛이 없다면 그 잘못은 누구에게 있을까? 당연히 나에게 있다. 나에게 실망할 자격이 있을까? 물론, 있다.

아내가 '이제는 나를 잘 알아'서 메뉴를 '제대로' 골라주었으면 하고 속으로 몰래 바랄 수는 있다. 하지만 사실을 따지자면, 아내는 나에게 물어봤고 마음대로 고르라고 한 사람은 나였다. 소통의 실패는 내 탓이었다. 이 얘기에서 배울 교훈은, 대충대충 넘어가려 하지 말고 의견을 분명히 밝히라는 것이다. 서로 정말 잘 아는 사이라 해도 상대에게 당신이 뭐가 필요한지 전달하려는 노력을 기울여야 한다. 어떤 경우든 좋은 의사소통과 건강한 관계는 떼려야 뗄 수 없는 관계다.

반사적으로 당신의 '권리'를 옹호하기 전에 먼저 상대의 필요와 관점에 귀 기울여라. 상대와 뭔가를 주고받을 때는 당신이 원하는 바에 초점이 맞추어져 시야가 좁아지기 쉽다. 상대가 뭘 중요시하고 원하는지도 헤아려줘야 한다. 그 상대와 마주하지 않은 상황에서 이렇게 자문해보는 것이 좋다. '내가 그 사람의 입장이라면 뭘 바랄까?' 이것이 공감의 기본이다. 다른 사람의 목표와 그 사람에게 그 목표가 중요한 이유를 헤아려봐야 한다.

아버지와 십대 딸 사이의 한 상황을 상상해보자. 아버지는 딸에게 밤에 나가서 친구들과 영화를 봐도 좋다고 허락해주었다. 부녀 모두 영화의 상영 시간이 오후 9시 30분이라는 걸 알았고 딸은 영화가 끝나면 아빠에게 전화하기로 했다. 그런데 딸이 아빠에게 영화관으로 태우러 와달라고 전화를 걸자 아버지는 크게 화를 냈다! 아버지로선 영화가 자정쯤에 끝날 줄로 생각했던 터라 화가 난 것이었지만, 실제로 영화가 끝난 건 새벽 한 시가 다 되어서였다. 아버지는 영화 상영 중에 딸에게 전화도 걸었지만 딸이 휴대폰을 무음으로 해두는 바람에 받지 못했다. 딸은 자기도 질세라 대들었다. "제가 뭘 잘못했는데요! 저도 영화가 그렇게 늦게 끝날 줄 몰랐다고요! 아빠랑 약속한 대로 지켰잖아요." 결국 격한 말다툼이 벌어져 집으로 가는 내내 차 안의 분위기는 험악해졌다.

자, 뭐가 잘못되어 이 지경이 되었을까? 이 문제는 상대의 가치관이라는 관점에서 풀어볼 수 있다. 이 아버지의 가치관은 뭘까? 추측컨대 아버지는 걱정이 되었던 나머지 그렇게 대놓고 화를 냈을 것이다. 아버지에겐 딸의 안전이 중요했다는 얘기다. 딸이 전화를 받지 않은 데다 시간이 새벽 한 시가 다 되었던 점을 감안하면 불안한 마음에 영화 <테이큰Taken> 속 장면이 상상되면서 딸이 납치되어 죽기라도 하면 어쩌나 싶어 초조했을 만하다.[71] 딸은 어땠을까? 딸로선 잘못한 것도 없는데 괜히 꾸중을 들어 기분이 나빴다. 말하자면 딸에겐 존중받고 신뢰받는 것이 중요했다. 이런 두 사람의 가치관을 모두 고려하면 이 사태의 근원에 자리한 문제점을 처리할 수 있다. 부녀가 서로의 관계를 중요하게 여기고 있다고 가정한다면 아버지가 과잉반응해서 미안하다고 사과하며 딸에게 안 좋은 일이 생겼을까 봐 겁이 나서 그랬다고 설명하면 된다. 딸도 적극적으로 행동할 마음이 있다면, 일부러 그런 건 아니지만 걱정시켜서 죄송하다고 사과할 수 있다. 확실한 의사소통을 나누며 화해하는 자리에서 딸이 문자로 '잘 있으니 걱정 마세요'라는 메시지를 보내주기로 약속할 수도 있다 (앞으로는 영화를 볼 때 상영 시간을 잘 알아두겠다는 약속도 하면 더욱 좋겠지만).

개인적인 감정이 있는 것처럼 느껴지는 불쾌한 일들이 사실은 그렇지 않은 경우가 많다. 불쾌한 일을 당할 때는 사람들이 의도적으로 우리를 힘들게 하는 것처럼 느껴질 수 있다. 물론 내면의 비참함을 못 이겨 자신의 좌절감을 남들에게 푸는 사람들도 있긴 하다. 하지만 그런 경우조차 개인적인 감정이 있어서 그러는 것은 아니다! 그렇다고 해서 서툰 행동을 정당화해주려는 건 아니다. 단지, 사람들은 저마다 자신의 가치관과 필요를 충족시키려 한다는 점을 알고 있어야 한다는 얘기다. 여기에서 중요한 핵심은, 우리는 사람들의 필요와 상처를 공감해줄 수도 있다는 데 있다. 당신의 관점만 생각해서는 안 된다. 당신과 내가 그렇듯 다른 사람들에게도 필요한 것이 있다는 점을 인정하면 뒤로 물러나 상황을 더 객관적으로 볼 수 있다. 실질적 문제점으로 초점을 옮길 수 있다.

존중하는 자세를 상대가 가지면 상대의 가치관을 이해하는 데 도움이 된다. 존중은 어떤 사람이 어떻게 느끼고 왜 그렇게 느끼는지를 이해하는 과정이다.[72] 상대에게 이런 메시지를 전달하는 셈이다. '당신이 왜 그렇게 느끼는지 이제 확실히 이해가 돼요. 정말 그렇게 느낄 수밖에 없겠네요.'

공식: 상대의 기분 파악 + 그런 기분 이면의 이유 × 맞는지 정확히 따져 보기 = 존중

예를 들어, 내 직장 동료가 딱 보기에도 화나 있는 상태라고 해보자. 동료는 저번에도 그랬는데 이번에도 또 급여 명세서에 급여가 잘못 책정되

었다며 불만스러워하고 있다. 이 공식을 활용해 검증 단계를 밟아가보자.

· 기분 파악하기: 내 느낌상으론, 높아진 목소리 톤과 찡그린 표정으로
미루어 동료가 지금 답답하고 화나 있는 것 같다.

· 이유: 벌써 두 번째로 급여를 제대로 받지 못했기 때문이다. 잠깐 좀 생
각해보자. 그게 타당한 이유일까? 그래, 나라도 짜증이 날 것 같긴 하
다. 일한 대가를 제대로 못 받은 데다 그런 실수가 이번이 처음도 아니
니까!

· 소통: "인사과에서 이번에 또 급여를 잘못 책정해서 정말 열 받겠다! 무
슨 일을 그렇게 엉망으로 한대." 곰곰이 생각해도 상대의 기분을 잘 모
르겠는 상황일 때는 물어봐서 확인하는 것이 좋다. "지금 정말 화가 나
있는 것 같은데 무슨 일 때문에 그래?" 이런 연습은 공감력을 키워 상
대의 관점을 더 세심히 이해하는 데 도움이 된다.

상대의 관점 파악하기는 동물들에게도 도움이 될 수 있다! 가령 개가 무
서워서 낑낑거리는 소리를 내고 있다는 걸 파악할 수 있다면 그 두려움
의 원인을 찾아내 문제를 처리해줄 수 있다. 그 낑낑거리는 소리는 두려
움을 드러내는 신호일 수 있다. 그렇다면 그 개의 가치관은 안정과 안전
이다. 따라서 개에게는 두려운 대상의 제거와 위안(또는 두려운 대상의 제

거나 위안)이 필요하다. 초점이 그만 낑낑거리게 하는 데만 맞춰질 경우 "시끄러워. 조용히 못 해!" 하고 소리만 지른 채 개에게 제대로 신경을 써 주지 않을 수 있다. 문제의 근원을 해결하지 않으면 개가 더 크게 낑낑거리면서 상황이 더 악화될 수도 있다! 그런 식의 행동은 가여운 그 개를 학대하는 것이기도 해서…… 그다지 보기 좋지도 않다. 실질적 필요를 알아내 문제를 처리해주는 일은 어떤 관계에든 적용 가능하다. 동물, 식물, 물체, 사람에 똑같이 적용시킬 수 있다! 상대의 가치관을 파악해주려는 태도는 결국 상대를 대하는 태도로 나타나게 되어 있다. 존중을 선택하면 남들의 필요와 바람에 주의를 기울이는 사고방식을 갖게 된다.

상대의 가치관을 파악하려면 당사자로부터 직접적인 피드백을 얻는 방법도 괜찮다. 의심스럽다면 확인해봐라! 당신이 찾고 있는 답이 말 그대로 당신 앞에 있을 때가 많을 테니. "그녀가 이 바지를 마음에 들어할까?" 확실히 알고 싶은가? 그러면 그냥 물어봐라! 그녀가 내 아내와 비슷하다면 스타일이 특이해서 당신이 틀렸더라도 그리 놀랄 일은 아닐 것이다. 이게 뻔하고 간단한 단계 같지만 막상 물어보려면 힘들게 느껴질 수도 있다. 그렇다면 자기성찰을 해볼 기회다. '나는 왜 물어보길 꺼리는 걸까? 그 두려움은 나에게 뭘 알려주려는 걸까? 안 물어보는 이유가 깜짝 놀라게 해주고 싶어서일까? 대놓고 물어보면 로맨틱하지 않을 것 같아서? 아니면 '상식적인' 걸 물어놓고 바보처럼 보일까 봐? 어쩌면 게으른 탓일지도 몰라. 굳이 묻지 않는 게 더 편해서일까?' 지레짐작에 따라 결정을 내리고 싶은가? 그러면 그렇게 해라. 나라면 확인해본 뒤에 내가 틀렸다면 바로잡아 가치 있게 노력하겠다.

예전에 나는 당시 여자친구(지금의 아내)와 의사소통 문제를 놓고 솔직한 대화를 가진 적이 있었다. 그때 아내는 나에게 짜증이 나 있는 것 같았는데 나는 그 이유를 몰랐다. 아내는 내가 일을 엉망으로 망쳤다는 듯한 기색의 '표정'을 보냈다. "왜 그러는데?" 내가 물어도 대답을 하지 않으려 했다. 내가 알아내길 기대하는 눈치였다! 그렇게 기대하는 게 '빤히' 드러났다. 그래서 내가 제안했다. "내가 지금 수련받는 과정은 심리학이지 심령술이 아니야. 자기 마음을 읽을 수가 없다고! 말을 안 해주면 자기가 뭘 원하는지 몰라. 내가 로맨틱하게 자기의 기대를 알아맞춰 주길 바란다면 내 적중률은 열 번 중 두 번 정도일 거야. 두 번쯤 영광스러운 순간을 맞겠지만 대부분은 자기를 실망시키겠지. 그러니까 그러지 말고 자기가 뭘 원하는지 말해줘. 그러면 내가 열 번 중 열 번 다 맞추게 될 테니까!" 이게 그다지 로맨틱한 대화가 아니었다는 건 나도 인정한다. 하지만 덕분에 우리의 관계는 근본적으로 달라졌다. 이제는 의사소통이 우리 사이를 가장 끈끈히 이어주는 끈에 들며 아내도 내가 실제로 자신이 원하는 대로 해주어 행복해한다. 나로서는 아내에게 (그녀 나름의 사랑스러운 방식으로) '대장 행세'를 하게 해준 셈이었지만 혼란스러움을 훨씬 덜 느낀다. 내가 아내의 의견에 동의하지 않을 때는 의논의 시간을 갖는다. 아내는 예전보다 원망과 실망을 덜 하기도 한다. 시간이 지나면서 내가 서서히 아내의 패턴을 터득해 아내가 요구하기 전에 먼저 원하는 것에 관심을 가져주기도 한다. 관계에서는 그냥 척하면 알아서, 더 이상 묻지 않아도 되는 때가 올 수 있다……. 하지만 보통은 초반부터 그렇게 되진 않는다! 나 역시 초반에만 해도 잘 모르니 알려달라는 부탁을 하면서 아내의 가치관을 우선시해주기 위해 애쓰게 되었다.

부디 당신의 삶에 엮인 사람들이 자신의 가치관을 알고 있길 바란다. 하지만 사람들은 경우에 따라 가치관을 알고 있기도 하고, 분명히 설명하지 못하기도 한다. 사람들에게 자신의 가치관을 판단해보도록 권유하는 것도 좋은 방법이다! 앞 장에서 소개했던 심리 평가를 통해 함께 서로를 이해해보길 권한다. 그 상대는 동료가 될 수도 있고, 배우자나 심지어 아이들까지도 될 수도 있다. 예를 들어 연인끼리 함께 에니어그램 테스트를 받아보면 두 사람 모두 서로의 독자적 특징을 더 깊이 이해하고 인식할 수 있다. 양쪽 모두가 에니어그램 프로필을 바탕으로 서로의 사고방식을 이해할 수도 있다. 이제는 서로의 가치관을 더 객관적으로 논의할 공통의 언어가 생기는 것이다! 그 중에서도 프리페어/인리치 평가는 당신과 연인의 가치관들을 똑같은 기준에 놓고 비교하면서 유사점과 차이점을 확인할 수 있어 특히 유용하다.

상대의 가치관을 잘 모르겠는데 그 사람에게 직접적으로 물을 수 없을 때도 있다. 이런 상황에서의 차선책은 직접적으로 관련되어 있지 않으면서 신뢰하는 사람들에게 피드백을 얻는 것이다. 여기에서의 키워드는 '신뢰하는' 사람이다. 안타깝게도 모든 사람이 다 신뢰할 수 있는 건 아니다. 모든 사람이 사랑과 존중을 받을 가치가 있다 해도 신뢰는 그냥 주어지는 것이 아니라 얻어내는 것이다. 사람들은 자신이 솔직함으로 신뢰를 얻을 수 있길 진심으로 바란다. 단, 이런 마음은 경쟁 안건으로 상대의 뒤통수를 치기 전까지의 얘기다. 신뢰할 수 없는 사람과 괜히 정보를 공유했다간 당신을 희생양 삼아 이기적인 이득을 얻기 위한 험담과 조작질이 일어날 위험이 있다. 이런 일로 배신당하고 곤욕을 치르고 나면 대개는 상처를 받아 사람을 더 못 믿게 될 가능성이 높다.

따라서 적절한 사람에게 피드백을 얻는 것이 아주 중요하다. 신뢰할 만한 사람은 당신이 잘되도록 마음 써주는 사람이다. 그런 사람이라야 당신을 위해 정확한 정보를 준다. 이렇게 신뢰가 가는 상대와 상황을 논의하면 명확성을 확보할 수 있다. 예를 들어, 업무 상황에서 신뢰가 가는 동료에게 업무 관련자의 바람과 가치관이 무엇일지 상의한다고 해보자. 이때는 업무 관련자의 가치관에 대한 경향을 얻기 위해 구체적 피드백을 구하는 것이 좋다. 이런 식으로 물으면 된다. "그 사람이 그 상황에서 뭘 원할 것 같아?", "그 사람은 뭐에 관심이 있을까?" 이런 질문은 "내가 어떻게 해야 할까?" 식의 질문과는 차원이 다르다. 당신이 어떻게 해야 할지에 대해 의견을 구하는 것이 아니라 스스로 최적의 결정을 내리기 위해 아주 중요한 정보를 수집하는 것에 초점이 있다. 이렇게 얻은 피드백을 당신이 상대의 가치관에 대해 처음 들었던 생각과 비교해봐라. 이런 과정을 거치면 제3자를 통해 그 상황에 대해 더 통합적인 관점을 얻을 수 있다.

다음을 명심해야 한다. 갈등은 대개 가치관의 우선순위 차이 때문이지 개인적인 감정에 따른 공격이 아니다. 일의 처리 방법에서 의견이 다른 것일 뿐이다. 양 당사자가 같은 것을 원하지만 그 목표의 추구 방법에서 차이가 나는 경우가 많다. 한 예로 아내와 내가 휴가를 간다고 가정해보자. 우리 둘 다 재미를 중요하게 여기고 있다. 단, '어떻게 보내는 게 재미있는 것'인가에 대해서는 의견이 갈린다. 아내는 다양한 활동과 먹거리로 '풍부한 체험'을 즐기는 꽉 찬 여행을 재미있는 것으로 여긴다. 나는 여행가서 할 일과 방문할 곳의 수를 보는 순간 휴가가 갑자기 스트레스와 일처럼 느껴진다! 우리 둘 다 재미있고 싶은 마음은 같지만 내 식의 재미는 활동을 덜하며 더 느긋하게 즐기는 것이다. 이렇게 되면 같이 여행을 가봐야 두 사람의 페이스가 공존할 수 없다는 데서 갈등이 생긴다. 아내는 자기가 하고 싶은 걸 다 하려면 내가 원하는 대로 느긋한 휴가를 보낼 수가 없다. 우리가 재미를 다르게 해석하는 건 가치관의 차이 때문이다. 나는 아내가 중요시하는 가치관인 흥미진진함보다 느긋함을 더 높은 가치고 삼고 있다.

아내의 가치관을 존중하는 동시에 내 가치관도 주장하려면 어떻게 해야 할까? 선택지가 별로 없다는 생각에서 충분히 있다는 사고방식으로 관점을 바꿔야 한다. 두 사람 모두를 만족시킬 여지가 충분히 있다! 어떻게 하면 두 사람 모두를 존중할 수 있을까? 그 답은 대개 당신의 방식과 상대의 방식 사이의 중간에 있다. 이 중간이 바로 발견되지 않은 제3의 선택지이자 모두에게 두루 통할 창의적인 해법이다. 이런 윈윈 해법은 흔히 회색지대에 속한다. 검은색도 흰색도 아니고, 선하지도 나쁘지도 않다. 이 제3의 선택지는 서로의 가치관을 검토할 때 진전된다. 모두가 타협을 좋아하지 않는 이유는 모두가 합의하지만 아무도 행복하지 않은 것이 타협이라고 여기기 때문이다. 아니, 그렇지 않다! 양 당사자가 만족하는 윈윈 시나리오를 만들 수 있다. 필요한 조건은 당신이 처음 생각했던 것과 다른 답에도 만족할 수 있다는 가능성에 마음을 여는 것뿐이다. 시간을 갖고 찬찬히 제3의 선택지를 짜나가다 보면 당신이 생각하는 상대의 가치관을 확실히 확인해볼 수도 있다.

  다시 우리 부부의 휴가 문제로 돌아가 보자. 어떻게 해야 아내와 나 둘 다 바라던 휴가를 즐길 수 있을까? 어떻게 해야 우리 둘 다 서로의 재미를 존중해줄 수 있을까? 우리는 먼저, 아내가 프랑스에서 하고 싶은 것들을 훑어본다. 아내는 박물관 몇 곳을 둘러보고 여러 군데의 식당에 찾아가고 쇼핑도 좀 하고 도시 근교 여기저기와 자연 휴양지들도 가고 싶어 한다. 내가 보기에도 다 해볼 만한 일들인 것 같다. 다만 한 번의 여행에서 그걸 다 하기엔 벅차 보인다! 그렇다면 우리에겐 어떤 선택지가 있을까? 제3의 선택지를 위한 한 가지 아이디어는 둘이 함께 '꼭 해봐야 할' 체험 거리 중 최우선 순위에 드는 몇 가지를 고르는 것이다. 그 나머지 체험 거리들은, 아내가 나를 호텔에 그대로 있게 두고 나가서 혼자서든, 친구들과 함께든 따로 해보면 될 것 같다. 아니면 그사이에 내가 아내에게 아주 큰 흥미는 안 가는 몇 가지 쇼핑거리를 살펴보러 갔다가 나중에 다시 만나기로 마음먹는 방법도 있다. 우리는 아내는 자기가 하고 싶었던 일들 대부분을 하고 나는 페이스를 늦출 수 있도록 서로의 페이스를 맞추기로 한다. 이렇게 문제해결에 함께 머리를 맞대지 않는다면 둘 다 휴가 일로 원망의 마음이 들 수 있다. 아니면 '배려심이 없다'는 생각에 서로에게 짜증이 들어 여행 내내 티격태격할 수도 있다. 기껏 돈과 에너지를 써가며 여행을 갔다가 관계가 더 나빠진다면 그게 다 무슨 소용인가? 파리 여행을 왜 그런 식으로 낭비하는가?

결론

요약하자면, 사람은 본래 이기적인 동물이므로(그건 우리 자신도 예외가 아니다) 최적의 결정을 내리려면 관련된 사람들에게 도움이 될 방법을 고려해야 한다는 얘기다. '나에게 좋은 것이 그 사람들에게도 좋은 것'이라고 넘겨짚어서는 안 된다. 서로 협력해야 한다. 상대의 가치관에 대해 주저하는 것은 자신의 필요가 위태로워질지도 모른다는 두려움에서 비롯된다. 충만한 사고방식으로 옮겨가면 양 당사자를 두루 존중하는 새로운 선택지를 발견할 수 있다! 마음을 열고 상대의 가치관도 함께 접목시킨 윈원 해법을 만들자. 관련자들과 그 관련자들의 반응을 토대로 그 상대가 어떤 가치관을 가지고 있을 만한지 파악하자. 그 상대가 그 상황에서 중요시할 만한 것으로 당신 나름대로 짐작해낸 생각을 얘기하며 당신이 맞는 답을 냈는지 확인할 팩트 체크도 필요하다! 상대는 자기도 미처 몰랐던 자신의 가치관을 당신이 알아내준 것에 놀라워할 수도 있다! 당신의 생각이 틀렸을 경우엔 정확히 알려달라고 부탁하면 된다. 상대의 가치관을 알고 싶어하는 호기심을 잃지 않으면 대다수 사람들은 자신이 원하는 것을 당신에게 주저 없이 선뜻 말해주려 한다. 이 책이 바라마지않는 지향점은 모든 사람의 가치관을 존중하는 것이며, 이는 소통과 협력을 통해서만 이루어질 수 있다. 이제 우리 자신의 느낌, 우리의 가치관, 상대의 가치관에 대해 알게 되었으니 최적의 결정을 위한 마지막 요소로서, 이 세 요소들을 아우르고 있는 맥락을 이해해볼 차례다. 우리의 가치관과 느낌은 더 큰 문화와 사회 안에서 교차한다. 다음 장에서는 의사결정에 수반되는 현실 요소들을 얘기해보자.

8장

현실:
이 상황의 사실은 뭘까?

📍 옛날 옛날에 마을 한가운데에 있는 귀한 종을 훔치고 싶어 한 도둑이 있었다. 어느 날 저녁, 주위에 아무도 없는 틈을 노려 이 도둑은 종이 있는 곳으로 갔다. 종이 너무 크고 무거워 통째로 훔칠 수가 없자 도둑은 그의 큰 쇠망치를 휘둘러 종을 깨뜨리려 했다. 종은 깨지기는커녕 쩌렁쩌렁 크게 울렸다. 놀란 도둑은 종소리를 줄인답시고 귀마개를 끼고는 종을 조각내기 위해 계속 내리쳤다. 때리면 때릴수록 종소리는 더 커졌고 결국 마을 사람들이 잠에서 깨어나 도둑을 붙잡았다. 이쯤 되면 이런 생각이 들 만하다. '완전 바보 아냐! 자기한테 안 들린다고 해서 다른 사람들한테도 종소리가 안 들릴 줄 안 거야!' 이 얘기는 대략 '귀를 막고 종을 훔친다'는 뜻의 사자성어에 나오는 이야기로,[73] 당신이 인정하든 인정하지 않든 객관적 현실이 엄연히 존재한다는 교훈을 가르쳐준다. 이런 현실을 무시하

다간 그 뒤탈을 겪게 된다. 이 도둑을 보고 어리석다고 손가락질할 테지만 사람들도 정작 자신의 삶에서 특정 현실을 무시하다 서툰 결정을 내려 부정적 결과를 맞곤 한다.

 현실 요소가 아무리 불편하더라도 무시하지 않는 것이 현명한 처사다. 사람들은 납득이 안 되는 현실 요소를 부정하거나 묵살하는 경향이 있다. 나는 고등학생들이 '현실의 생활에서 쓸 일도 없는' 과목을 배워서 뭐 하냐고 투덜대는 얘기를 자주 듣는다. 그런 학생의 입장에서는 이렇게 말할 만하다. "살면서 대수에 대해 알고 있어야 하는 날이 있을까요? 제 꿈은 프로 선수가 되는 거예요! 그런 제가 왜 그딴 거에 신경을 써야 하는지 이해가 안 돼요. 저한테는 배울 필요가 없는 과목이라고요." 더 근본적으로 따지자면 이렇게 묻는 셈이다. "왜 납득도 안 가는 것들에 신경 써야 해요? 중요한 건 제 바람이나 생각 아닌가요?" 다시 생각해보자. 이 학생이 수학에 신경을 쓸 필요가 없다는 말이 맞다고 치더라도, 본인의 이런 의견과는 상관없이 학생은 어쨌든 졸업하려면 수업을 이수해야 한다. 최적의 결정에서 마지막으로 고려할 요소는, 우리가 살고 있는 이런 현실과 그 현실을 둘러싼 주변요소들이다. 우리를 둘러싸고 있는 정보가 중요한 이유는 그것이 현실 세계가 실제로 돌아가는 방식이기 때문이다. 그 방식이 싫을 수도 있고 그 방식에 반대할 수도 있다. 하지만 당신이 그 사실을 어떻게 느끼는지는 실질적으로 중요하지 않다. 사실은 사실이다. 브루스 혼스비 앤 더 레인지가 1986년에 노래했듯 "사는 게 다 그런 것. 절대 바뀌지 않는 것들도 있는 법"이다.[74] 따라서 현실을 마음속에 받아들이며 협력할 것인가, 아니면 끊임없이 맞서 싸울 것인가, 이것이 문제다.

여기에서 말하는 현실 요소란 현재로서 유효한 상태를 말한다. 새로운 정보가 생기면 현실이 바뀔 수도 있지만 지금까지 알고 있는 정보에 따라 행동해야 한다. 현실에는 중력 같은 요소들이 있다. 당신이 중력을 믿든 안 믿든 그것은 중요하지 않다. 중력을 제대로 잘 알지 못해도 상관없다. 어쨌든 간에 높은 절벽 밖으로 걸어가기로 작정한다면 당신은 죽을 것이다. 중력이 당신의 몸을 세게 끌어당겨 땅바닥으로 후려쳐 내리게 되어 있다. 이것이 우리의 세계를 이루는 부인할 수 없는 요소이며, 아무리 희망을 품어도 이런 현실은 바뀌지 않는다.

프레임워크의 이 단계를 고려할 때는 이렇게 물으면 된다. '내 상황의 맥락을 둘러싸고 있는 현실 요소들이 뭘까?' 살펴볼 현실 요소에는 여러 유형이 있다. 첫 번째 유형은 물리적 현실 요소로, 이 요소를 잘 관찰하면 객관성을 얻는 데 도움이 된다. 물리적 현실 요소는 물리적 상호작용이 수반되는 결정에서 특히 중요하다. 우리가 물리적인 신체를 가지고 물리적 세계를 헤쳐 나가고 있다는 사실을 감안하면 이 요소는 중요한 고려 사항이다. 예를 들어, 소파를 방 밖으로 옮길 방법을 결정할 때는 먼저 소파의 무게와 크기를 (당신의 신체적 조건과 함께) 고려해야 한다. 물리적 현실 요소를 관찰할 때는 시각, 청각, 미각, 후각, 촉각 등의 다섯 가지 감각을 통해 객관적인 물리적 요소를 수집하며 관찰한 바를 쭉 서술한다. 대상은 색, 질감, 무게, 온도, 크기 같은 객관적인 점들을 위주로 삼는 게 좋다. 위치상에서 관찰을 시작해볼 수도 있다. 장소는 디즈니랜드에서부터 당신

집의 뒷마당까지 어디든 상관없다. 나무, 산, 전망을 가려버린 새 고층 건물 등등 그 장소 내의 물리적 요소들을 서술한다. 돌의 밀도, 거실로 내갈 소파의 무게, 주방의 2주 묵은 쓰레기통 악취 같이 자신의 세계에 있는 물체들의 물리적 특성을 가려내보자. 철학이나 양자물리학이나 정신이상에 대해 다루는 토론을 하자는 게 아니니 그냥 건강한 정신과 사람 안에 존재하는 현실을 다루면 된다. 물리적 현실을 체크할 좋은 방법은, 당신이 모은 정보가 신뢰하는 사람의 관찰과 일치하는지 확인하는 것이다.

당신이 직면하는 난관 대다수는 이 정도로 구체적인 수준까지 물리적인 요소가 필요하지 않겠지만 객관성의 원칙은 당신에게 도움이 된다. 또 서술의 기술을 연습해두면 더 좋은 결정을 내리는 데 유용하다. 때때로 서툰 결정은 섣불리 '명백한' 결론을 짓는 바람에 잘못 넘겨짚은 추측에서 비롯되기도 한다. 예를 들어, 당신이 대략 당신 쪽을 보며 짓고 있는 표정으로 미루어 길 건너편의 여자가 당신에게 화난 것이라고 넘겨짚는다고 해보자. 우선, 그 여자가 화가 났다는 것을 당신이 어떻게 단정하는가? 그냥 무표정한 얼굴일 수도 있다. 아니면 생각에 잠긴 표정일지도 모른다. 또 그녀가 당신에게 화나 있다고 어떻게 단정하는가? 배가 아파 구역질이 나는 것일지 누가 알겠는가. 당신 뒤쪽의 식당 앞에 길게 늘어선 사람들의 줄을 보고 속상한 것일 수도 있다. 이번엔 그 여자가 당신을 째려보는 것 같아 불쾌함을 느껴 여자에게 욕을 하는 상황을 그려보자. 그런데 당신에게나 그녀에게나 놀라운 일이겠지만, 여자는 당신을 쳐다본 적이 없었기 때문에 충격 받은 표정을 지었다고 쳐보자! 그 순간 얼마나 창

피하겠는가. 그 누구도 사람의 마음을 읽어낼 수 없다는 사실을 명심하면서, 추측을 할 때는 속단하지 말고 잠깐 상황을 서술해봐야 한다. 좋거나 나쁜 것으로 가르는 식의 판단도 피해야 한다. 이런 태도는 찬찬히 모든 사실을 알아보지도 않은 채 어떤 사람이나 어떤 일을 '나쁜 것'으로 치부할 때 특히 해롭다. 먼저 상황부터 서술하지 않으면 자칫 기회를 놓치거나 잘못된 판단을 내릴 수 있다. 서술을 해보면 생각과 느낌 사이에 어느 정도 거리를 둘 수 있다. 앞의 예시 속 여자의 경우엔 언짢은 얼굴로 눈썹을 내리깔고 있는 중이라고 서술해볼 수 있다. 바로 이런 식으로 서술을 하며 더 알아보면 된다. 이렇게 서술을 해보며 잠깐 멈추면 불충분한 결론을 내리는 대신 상황을 더 확실히 판단할 기회가 생긴다.

두 번째 유형은 사회문화적 현실이다. 여기에는 인간의 구성요소와 측정요소가 해당되어, 나이, 인종, 민족, 국적, 신체 사이즈, 장애, 성별, 사회경제적 지위, 학벌, 출신 가문 등 다양한 요소를 아우른다. 지금까지 우리 사회에서는 이런 요소들에 따라 다양한 가치가 부여되어왔다. 현재도 여러 집단의 사람들과 미디어에서 특정 특성들을 바람직하거나 바람직하지 않은 것으로 전파하고 있다. 모든 사람은 저마다 아름답고 가치 있는 특성을 가지고 있다는 것이 내 신념이지만, 내 이웃은 나와 똑같이 생각하지 않을 수도 있다. 어떤 특성을 놓고 좋은지 나쁜지에 대해 모두가 동의해야 한다는 얘기가 아니라, 사회는 다양한 관점을 가질 수 있으며 그런 관점이 사람들과의 교류 방식에도 영향을 미친다는 점에 유념해야 한다는 얘기다. 우리는 이런 현실에 대해 은연중이든 명시적이든 나름의 믿음을 갖고 있기도 하며 이런 믿음에 따라 생각과 느낌이 어떤 경향으로 기울게 된다. 이 대목에서 다시 한 번 도식을 떠올려보자. 우리 자신의 편견을 파악하고 그런 생각의 노예가 아닌 주인이 된다면 무의식적 결정(다른 말로, 은연중의 편견)을 막을 수 있다. 사회문화적 영향과 관련된 의식을 높이면 이런 믿음을 다시 판단하는 첫걸음을 뗄 수 있다!

당신의 통제권 안팎의 영향들을 쭉 나열해보는 것도 현실 요소를 분간하기 위한 좋은 방법이다. 다른 말로 하자면 내외통제성internal and external locus of control의 분류다. 이 방법의 활용법은 다음과 같다. 종이 한 장을 가져와 가운데에 줄을 그어 칸을 두 개로 나눈다. 두 칸에 각각 '내 통제권 안의 요소들'과 '내 통제권 밖의 요소들'을 써넣는다. 각각에 해당하는 요소를 쭉 적고 나면 대다수의 경우 통제권 안의 요소들이 통제권 밖의 요소들보다 훨씬 더 짧기 마련이다. 사실, 우리는 날씨, 가족 구성원, 민족, 상대의 의견은 물론이고 심지어 그 순간의 자신의 기분조차 통제하지 못한다. 환영한다. 이것이 바로 현실이다. 삶의 요소들 대다수는 우리의 통제권 밖에 있다! 통제권 밖의 요소를 나열한 리스트는 우리가 상호작용하며 자신의 의사결정에 접목시키는 외부 현실이다. 통제권 안의 요소 리스트는 우리의 내부 현실로, 우리가 직접 영향을 미칠 수 있는 것들이다. 이런 내부 요소들은 구체적으로 우리가 마음에 품기로 택한 믿음, 우리의 태도 등이 포함되고 때로는 호흡도 해당된다. 통제권 안의 요소는 그 수가 한정되어 있긴 하지만 우리의 선택권이 있는 영역이다.

그렇다면 결정을 내리기 전에 모든 현실 요소를 분간해야 할까? 전혀 아니다. 현실 요소들은 너무 많아서 그 모두를 다 의사결정에 적용할 수는 없다(셜록 홈즈가 와도 못 한다). 프레임워크를 능숙히 활용하려면 어떤 정보가 중요한 고려 요소이고 어떤 정보가 무관한 요소인지 가릴 줄도 알아야 한다. 만약에 내가 포트럭 파티(여러 사람이 각자 음식을 조금씩 가져와서 나눠 먹는 식사-옮긴이)에 가져갈 음식을 놓고 갈등 중이라면 그 사람 집의 문이 빨간색이라는 사실은 내 딜레마와 무관하다. 반면 어떤 모임에서 자신만 빼고 모두가 검은색 정장을 입고 왔다면 그것은 주목할 만한 중요한 요소일 수 있다. 최적의 결정을 내리는 과정에서 아주 중요한 역할을 차지해 무시해선 안 될 특정 요소를 가려내야 한다. 안타깝게도 우리에게는 편견과 한계라는 게 있다. 이 두 요소를 의식하고 있는 것도 가장 적절한 말이나 행동을 해독해내는 데 유용할 수 있다. 나는 오로지 고정관념이나 특정 감정에 따라 내린 결정은 지지하지 않는다. 영향으로 작용하고 있을 만한 요소를 간파해 불필요한 무지를 저지르지 않길 바란다. 현실 요소의 분간에서 지향할 목표는 모든 요소를 검토하는 것이 아니라 일어날 법한 반응과 결과를 검토하는 것이다.

문화 감수성의 이해도 현실 요소를 실제적으로 접목시키는 데 유용하다. 안타까운 노릇이지만 나는 이 사실을 호되게 깨달았다. 2017년에 헝가리에서 리더십 개발을 주제로 워크숍을 진행한 적이 있었다. 워크숍의 진행 중에는 팀원들과 내가 60명 이상의 참가자들이 가상 사회에 참여해 무의식적 가치관을 환기시키도록 유도해주는 게임도 있었다. 이 게임에는 돈, 권력, 사회적 지위가 수반되어 사람들 간에 희소성 의식, 스트레스,

경쟁을 부추겼다. 게임 종료 후, 나는 게임을 지켜본 소감을 밝히며 오늘날의 사회에 존재하는 모순에 대해 얘기했다. 참가자들은 주로 미국, 캐나다, 대만 등과 같이 부유한 선진 공업국 출신이었다. 그런데 강연을 마쳤을 때 게임의 공동 유도자가 심각한 얼굴로 나를 옆으로 끌고 가더니 내 메시지가 가난한 집에서 자란 헝가리 현지인들에게 불쾌감을 줄 만했다고 알려주었다. 내 메시지가 의도와 다르게 전달되었다는 얘기였다. 내가 했던 얘기를 떠올리는 순간 뱃속이 철렁 내려앉는 느낌이었다. 그제야 내가 모든 참석자를 두루 의식하지 않았고 주최국에 대해 문화적으로 온당치 못했다는 생각이 들었다. 워크숍이 소그룹별로 나뉘어 진행될 때 나는 부끄러워하며 헝가리 팀에게 다가가 강연에서의 그 말에 대해 사과했다. 고맙게도 헝가리 팀은 과분할 만큼 관대히 대해주며 강연의 맥락을 이해해주었다. 그 얘기를 부정적이거나 감정적인 의미로 해석하지 않았다. 이 일을 겪은 이후로 나는 어떤 상황에서든 현실 요소를 더욱더 의식하게 되었다.

결론

우리의 현실이 잘못된 생각으로 인해 바뀔 수도 있음을 인정하자. 우리의 인식과 상관없이 엄연히 존재하는 물리적 현실이 있지만 그런 현실을 우리가 어떻게 해석하느냐가 훨씬 더 중요하다. 필립 맥그로 박사의 견해처럼 "현실은 없다. 인식만이 존재할 뿐이다."[75] 사실의 경우조차 그 사실 요소를 어디에 초점을 두고 어떻게 해석하는지에 따라 경험적 현실이 결정지어진다. 솔직히 받아들이자. 우리는 그 누구도 신이 아니기에 어떤 사람이나 상황이든 모든 것을 다 알 수는 없다. 높은 한계가 있어서 상황의 일부분만 알 수 있을 뿐이다. 우리 자신의 도식과 가치 체계가 우리를 비뚤어지게 해 현실을 특정 방식으로 해석하게 될 수도 있다. 어떤 여성이 실제로는 편두통에 시달리던 중 어쩌다 당신 쪽을 보게 되었을 뿐인데 그 찡그린 얼굴을 보고 '저 여자가 나에게 화가 났나 보다'는 식으로 넘겨짚지 않도록 해야 한다. 먼저 5감을 동원해 관찰한 바를 서술해본 후에 그 해석이 타당한지 따져보자. 현실 요소에 대해 객관성을 잃지 않으면 뒤로 물러나 또 다른 식의 해석을 생각해볼 수도 있다. 못 믿겠다면 친구나 상담가 같은 신뢰 가는 상대에게 당신의 해석을 재확인해보길.

어쩔 수 없이 현실에 불리하게 작용할 만한 결정을 내릴 수밖에 없는 이례적인 환경도 존재한다. 1955년 12월 1일, 로자 파크스는 그녀에게 흑인이라는 이유로 버스에서 자리를 양보하라는 운전기사의 요구를 거절했다. 로자는 자신이 사는 사회가 인종차별적이며 '분리 평등' 법이 백인들에게 부당한 우선권을 주고 있다는 사실을 알고 있었다. 자칫 곤란한 상황에 빠져 폭행을 당할 위험이 있는 현실도 잘 알았다. 그런데 그런 대가가 따를 것을 고려하고도 의도적으로 자리를 양보하지 않기로 선택했다. 결국 그 일로 체포까지 당하는 지경에 몰렸고 앨라배마 주에서는 일자리도 구할 수 없게 되었다.[76] 그녀는 왜 이런 선택을 했을까? 문화의 현실을 고려하더라도 정의를 중시하는 자신의 가치관을 져버릴 수 없어 피부색을 이유로 자리를 내주는 것은 도덕적으로 그릇된 일이라고 판단했던 것이나. 로자의 가치관이 인종차별이라는 문화적 현실을 밀어낸 셈이었다. 그녀의 이 결정은 비폭력 집단시위를 촉발시키며 미국에서 민권 운동이 일어나도록 견인했다. 그녀는 당연히 해를 입고 싶진 않았겠지만 반복되는 차별은 참을 수 없는 현실이었다. 현실 요소가 방정식의 한 부분일 뿐인 이유가 여기에 있다. 로자 파크스는 그 대가를 고려하면서도 어쨌든 자신에게 진실된 결정을 내렸다. 현실 요소에 근거한 좋은 결정을 내려야 하겠지만 결정 전체에 영향을 미치는 것은 이런 현실 요소만이 아니다.

이제 프레임워크의 네 가지 체크포인트인 감정, 자신의 가치관, 상대의 가치관, 현실을 모두 살펴봤다. 각 장에서 상황을 더 잘 이해하고 판단하기 위한 확인 사항을 체크하기에 유용한 질문들도 알아봤다. 이제는 이 프레임워크 질문들을 재량껏 활용하며 최적의 결정을 내려볼 차례다.

9장

프레임워크 실행하기

📍 "지금 당장 정해! 빨간 선을 끊을지 파란 선을 끊을지 정하라고. 그 선택이 틀리면 건물 전체가 날아가서 당신이 사랑하는 모든 이들이 죽게 돼. 이제 시간이 몇 초밖에 없어. 빨리 결정해!"

정말 긴박하지 않은가? 주인공이 사활 걸린 상황에 놓인 이 장면은 아드레날린을 마구 분출시킨다. 아직도 잊히지 않는 이 TV 시리즈는 잭 바우어라는 가공의 인물이 등장하는 <24시>다. 바우어가 테러대응팀 팀장으로서 24시간 내에 미국을 지켜내야 할 책임을 맡게 된 이야기다.[77] 초를 다투는 상황에서 빠르게 결정을 내려야 한다. 나는 이 시리즈를 보다 보면 이런 생각이 자주 들었다. '잭은 밥도 안 먹고 화장실도 안 가나?' 이야기가 말 그대로 잠시도 쉴 틈이 없이 매순간 액션의 연속이다. 당신의 삶도 매 순간이 그런가? 분명 아닐 것이다.

9장 프레임워크 실행하기

결정을 내려야 하는 절박함을 느낄 때도 있겠지만 바로 당장 결정해야 하는 경우는 드물다. 사실, 우리의 결정 대다수는 미루는 편이 이로울 수 있다는 것이 내 신념이다. 잠깐 틈을 두고 프레임워크를 활용하면 더 나은 결정을 내릴 가능성이 아주 높아진다. 과중한 임무를 수행하는 특수요원과 응급 의료요원 여러 명과의 면담에서 들은 얘기지만, 그들 대다수는 행동에 뛰어들기 전에 잠깐의 시간을 갖는다. 콜린 파월은 40/70 법칙을 제시해, 좋은 결정을 내리기 위해 인간에게는 대략 40~70퍼센트의 정보가 필요하다는 견해를 낸 바 있다. 수집한 정보가 40퍼센트에 못 미치면 대개 서툰 결정을 내리게 되지만 정보가 70퍼센트가 넘도록 미루면 기회를 놓치게 된다는 얘기다. 리더십 전문 작가이자 분석가인 스티븐 앤더슨 박사도 "앞으로는 힘든 결정을 내릴 땐 콜린 파월 식대로 현명한 결정을 내리기에 충분할 만한 정보를 모은 후 직감을 믿어라. 그러면 만족하게 될 것"[78]이라고 밝혔다. 프레임워크를 활용하면 당신의 직감이 옳은 결정을 내릴 수 있도록 필수적인 정보를 수집할 수 있다.

정말로 긴박한 상황에서는 빠른 결정을 내리기 위해 일종의 수정판 프레임워크에 따라 고민하길 권한다. 소방서장이자 『소방관의 선택: 생사의 순간, 최선의 결정을 내리는 법』의 저자인 사브리나 코헨이 응급 구조관이 압박 속에서 결정을 내리는 데 유용하도록 개발한, '결정 제어 프로세스Decision Control Process'다. 다음의 세 가지 질문으로 짜여 있다.

1. 내가 이 일을 하고 있는 이유가 뭘까? 이 상황에서 내 궁극의 목표는

뭐고, 이 결정이 그 목표를 이루는 데 도움이 될까?

2. 어떻게 될까? 이 결정이 어떤 영향을 미쳐서 이 상황이 어떻게 전개 될까?

3. 어떤 면에서 이 결정이 위험보다 이점이 많을까? 이 결정의 이점을 스스로에게나 주변의 다른 사람들에게 확실히 밝힐 수 있는가?[79]

이 질문들은 상황을 더 잘 인식해 인간적 실수를 줄이는 데 도움이 될 수 있다. 문제점에 주의를 집중해 신속한 결정을 내리면서 두려움에 마비되지 않게 해준다. 다시 한 번 강조하지만, 우리의 결정 대부분은 프레임워크를 통해 더 최적의 결정으로 끌어낼 수 있다.

군의 주된 작전 두 가지로는 전술과 전략이 있다. 전술 작전은 '위태한 상황'이 되어 군인들이 이 혼란 상태를 잘 헤쳐 나가야 할 때 사용한다. 군인들이 경쟁적 우위를 잃어 사망할 위험에 처하지 않게 하려면 신속히 생각해 대응하는 것이 아주 중요하다. 여기에서의 모순은 아무리 뛰어난 전술 작전이라도 전략적 구상 수립이 더딘 데다 반복 연습이 필요하다는 사실이다!

내가 육군 예비군에 복무할 당시의 훈련 중에 보병대가 실내에 있는 폭도의 소탕 작전을 시범 보인 적이 있었다. 그 4인조 보병대의 속도가 어찌나 초스피드이던지 그저 놀라울 따름이었다! 문밖에 줄을 서는 동작에서부터 안으로 들어가 네 모퉁이를 차지하고 소총을 겨누는 동작까지 불과 몇 초만에 끝이 났다. 내가 속한 의병대도 그 방에서 소탕 작전을 벌여보게 되었는데 동작이 창피할 만큼 느리고 어설펐다. 이 나라가 전투를 의병대에 의존하지 않고 있는 것이 다행스럽다 싶었다! 보병대는 친절하게도 빠른 비결을 설명해주었다. "우리는 무수한 시간을 전투훈련에 매달려서 나중엔 자면서도 할 수 있을 경지가 돼. 그 덕에 총알이 날아다니는 혼란 속에서도 별 생각 없이도 자동반사적으로 제대로 대응할 수 있지." 이 군인들은 반복과 연습으로 건강한 습관을 들여 최적의 결정을 내리게 되는 것의 힘을 증명해보여준 사례였다.

전략 작전은 시야와 구상을 필요로 한다. 몇몇 장군이 모여 테이블에 펼쳐놓은 지도에서 체스처럼 표식을 움직이는 모습을 상상해보라. 조감도처럼 내려다보며 상황을 큰 그림으로 그려보면서 모든 요소를 고심하고 목표를 염두에 두면서 어떻게 할지를 결정하는 자리이다. 전략에서는 작전 행동 이면의 목표(이유)에 마음을 쓰며 바람직한 결과를 이루어내기 위해 어떤 행동을 수행하면 좋을지를 연역적으로 결정한다.

최적의 결정을 내리기 위해서는 전략과 전술이 모두 필요하다. 프레임워크는 전략이고 결정을 실행하는 것이 전술 작전이다. 전술적 시야가 나무라면 전략은 숲이다. 중국의 군사 전략가 손자는 『손자병법』에서 밝히길 "전술 없는 전략은 승리에 이르는 가장 느린 길이며 전략 없는 전술은 패배로 가는 잡음"이라고 했다.[80] 어느 한쪽이 다른 한쪽보다 중요하진 않지만 전략은 전쟁을 벌이기 전의 준비나 다름없다. 프레임워크는 실행 가능한 결정에 힘을 쏟기 전에 의도, 가치관, 장기 목표를 파악하게 도와준다. 여기에서는 우리의 상상력이 실질적 역할을 맡는다! 인간인 우리는 행동에 나서기 전에 머릿속으로 잠재적인 시나리오와 행동을 생각할 수 있는 능력이 있다. 결정을 내리기 전에 어떻게 정할지를 생각할 때는 실질적으로 결과를 치르거나 자원을 쓸 일이 없다는 점에서 이런 능력은 큰 이점이다. 우리의 지능 활용 능력을 이용해 프레임워크의 모든 요소를 차근차근 생각하며 여러 선택지를 검토해서 현명한 결정을 내리자.

프레임워크가 모든 결정에 다 필요한 것은 아니지만 대부분의 결정은 프레임워크의 활용이 도움이 될 만하다. 초콜릿 아이스크림과 딸기 아이스크림 중 하나를 고르기 같이 성향에 따른 결정의 경우엔 느낌에 주의를 기울이는 정도로도 충분할 수 있다! 굳이 프레임워크의 전 단계를 활용하지 않아도 될 것이다. 고려할 요소가 몇 가지밖에 안 될 때는 프레임워크를 속성으로 후딱 끝낼 수 있다. 예를 들어, 아이스크림의 맛을 정하는 상황 같은 경우는 순전히 개인적 결정이라 다른 사람들의 가치관이 관련되지 않는다(파트너가 같이 먹고 싶어 할 때는 예외겠지만). 즉 아이스크림 맛에 대한 자신의 느낌만 살피면 된다. 스스로에게 어떤 맛으로 먹고 싶은지 물어보며(더 단 맛이 땡겨? 아니면 크림이나 과일 맛이 더 진한 거?) 현실 요소(그 매장이 현금만 받는다거나 맛의 종류가 8가지뿐이라 선택이 한정되어 있다는 점 등)를 따지면 끝이다. 결정을 내리기 위한 프레임워크의 전 과정이 1분 정도밖에 걸리지 않을 것이다. 그래도 무시하지 말고, 더 큰 결정을 위한 준비 차원에서 사소한 결정들로 프레임워크를 연습해두길 권한다.

　그 결과가 중요한 중대한 결정일 때는 프레임워크를 꼭 활용해야 한다. 잠깐 시간을 가져라. 결정을 내리기 전에 숙고할 시간이 좀 필요하다면 다음과 같이 시간이 더 필요하다는 점을 전달해라. "잠깐만 기다려 주시겠어요?", "나중에 다시 연락드리겠습니다." 자신의 조급증을 의식하지 못한 채 답을 요구하는 사람들이 많다. 불안이나 조급함에 굴복하면 안 된다! 우리 대다수는 그런 불안이나 조급함에 경계선을 그어 프레임워크를 활용할 줄 알게 되면 최적의 의사결정에서 승리하는 데 결정적인 힘을 얻게 되어 있다. 프레임워크 활용의 주된 이점 중 하나는 경솔한 결정을 내리기 전에 마음을 느긋하게 갖고 스스로와 대화를 가질 수밖에 없도록 해주는 점이다

　다시 복습해보는 차원에서, 우리가 지금 중요한 결정에 맞닥뜨려 최적의 선택을 하기 위해 프레임워크를 활용하고 있다고 가정해보자. 가장 먼저 할 일은 감정 살피기다. "지금 나는 어떤 기분이고 왜 그런 기분이 드는 걸까?" 보통 감정(특히 유독 두드러지고 강한 감정)은 프레임워크가 필요하다는 가장 중요한 암시다. 분노나 두려움이나 슬픔의 느낌이 강하게 든다면 그 상황에 주의를 기울여 그 상황이 중요한 이유를 알아내라고 알려주는 것이다.

　그다음엔 자신의 가치관을 고려할 차례다. "나에게 가장 중요한 게 뭘까?" 자신의 가치 체계를 재검토해 그 특정 상황에서 어떤 가치관이 최우선 순위에 드는지 확인한다. 대체로 신경이 쓰이는 부분이 중요한 가치관

과 연관되어 있다. 두 가치관이 서로 대체 관계라 둘 모두를 동등하게 표출시킬 수 없을 때도 있다. 예를 들어, 업무 완수 속도와 함께 업무의 정확성을 중요하게 여기는 경우다. 특정 상황(가령, 납세 신고 등)에서는 아무리 그 일을 빨리 끝낸 후 다른 일을 할 시간을 벌고 싶어도 일의 정확성이 속도보다 중요하다. 당신 자신의 가치관을 결정할 때는 당신이 어떤 가치관을 표출하고 싶은지와 특정 상황에서 우선시하고 싶은 가치관이 뭔가에 따라 정하면 된다.

이번엔 상대의 가치관을 살필 차례다. "그 관련자들에게 중요한 게 뭘까?" 목표가 알맞은 윈윈 해법을 만드는 것이라면 상대의 필요를 고려해야 한다. 상대의 필요가 자신의 필요와 일치하지 않을 수 있을 경우엔 특히 더 그래야 한다. 많은 경우에 상대의 바람을 존중하고 충족시켜주면 호혜주의 법칙에 따라 우리의 욕구도 충족시켜주는 협력으로 보답이 돌아온다! 개인적 사안보다 그 관계를 존중해줄 때 특히 더 그렇다. 상대가 잘되도록 도울 방법에 대해 협력적인 태도를 보이기 위해 상대의 필요와 바람을 파악하자. 이것저것 묻거나 소속 조직의 가치관을 조사하는 식으로 그 상대의 목표를 알아보는 시간을 가져라.

마지막으로는 맥락을 살핀다. "여기에서 고려해야 할 현실 요소는 뭘까?" 우리는 자원이 한정되어 있는 현실적이고 물리적인 세계에 살고 있다. 어떤 일이 일어나길 원하고 바라는 것만으로는 부족하다! 우리에게는 물리적 현실뿐만 아니라, 우리의 문화와 환경에 영향을 미치는 다양성의 요소도 있다. 당신에게 없는 것보다는 당신에게 있는 것을 살필 줄 알아야 한다. 안 그러면 스스로를 속이며 자신이 해 보이고 싶은 일이 일어나지 않을 것이라고 여기게 된다. 당신이 이전까지 한 번도 이루어진 적 없던 뭔가를 성취해내려 애쓰고 있다면, 특정 현실 요소들은 아직 미결의 상태에 있음을 감안해 당신 자신의 가치관을 가장 중요한 척도로 삼고 주도해나가야 한다는 사실도 명심하기 바란다. 프레임워크 정보를 가장 단순한 말로 정리해 문제를 더 분명하게 요약해라. 최적의 해법은 프레임워크를 통해 걸러내다 보면 제 모습을 드러낼 때가 많다.

프레임워크의 활용은 시간이 지나면서 서서히 완성되는 기술이다. 대다수 기술이 그렇듯 숙달되기 위해서는 연습과 교정이 필요하다. 누구든 타자 치는 요령을 처음 익힐 때는 키의 배열을 알아도 여간해선 빠르고 정확하게 타이핑을 하지 못한다. 프레임워크를 아는 것은 이 방정식 공식의 절반에 불과하다. 프레임워크의 전 과정이 거추장스럽고 별나게 느껴진다면 제대로 하고 있다고 봐도 될 것이다! 새로운 기술을 습득하는 일은 처음엔 어색하게 느껴지는 게 보통이다. 하다 보면 질문들을 재검토해야 할 수도 있다.

더 깊은 질문을 던지고 답을 파악하느라 더 많은 시간이 걸릴 수도 있다. 부적절한 정보를 수집하는 바람에 최적의 결정에 못 미치게 될 수도 있다. 최적의 해법에 이르러 놓고도 그 해법을 제대로 선택하지 못할 수도 있다! 이 모두가 다 정상적인 과정이다. 아는 것은 절반의 성공일 뿐이다! 나머지 절반은 실행과 완수다. 이때가 최적의 결정을 수행하기 위해 저항에 대한 통찰과 용기가 필요할 때다. 이 부분은 10장에서 얘기하도록 하고, 지금은 시간이 지나면서 서서히 프레임워크의 활용이 제2의 천성이 될 것이라는 격려의 말을 해주고 싶다. 프레임워크는 비유하자면 근육과 같다. 키워 놓으면 별 노력 없이, 심지어 아무 노력 없이도 프레임워크를 통해 생각할 수 있다! 나중엔 무의식적으로 정보를 처리하게 되는 경지에 이르게 될 것이다. 이렇게 되는 과정에서 미세조정을 거치며 최적의 결정을 내릴 가능성도 계속 높아질 것이다.

이제 프레임워크를 활용하는 연습을 해보자. 당신이 애플 아이폰의 신제품 개발을 맡은 디자인팀 팀장이라고 가정해보자. 이 중요한 프로젝트에서는 여러 팀이 함께 협력 중이고 신제품 출시의 데드라인이 불과 몇 주 앞으로 다가온 상태다. 미디어에서 대대적으로 보도되면서 이 최신 폰의 출시에 대한 기대감도 높게 치솟아 있다. 당신은 팀이 프로젝트에서 맡은 역할을 마무리 짓고 있던 중에 리서치팀이 당신에게 보낸 보고서에 중요한 정보 하나를 누락시킨 사실을 알게 된다. 그것도 아이폰이 대량 생산에 들어가기 전에 제품 사양의 구성 방식을 결정지을 만한 정보였다. 이 정보가 없으면 당신의 팀은 일을 계속 진행할 수도 없다. 리서치팀 팀장, 아미르는 동료로서 다가가기 힘든 사람이다. 벌써 몇 번이나 이메일을 보내고 업무용 폰에 음성 메시지를 남겼지만 한 번도 답이 없었다. 이제 어떻게 하면 좋을까?

여기에서의 시나리오에서는 이렇게 하기로 한다. 먼저 심호흡을 한번 한 후 프레임워크의 정보 수집 사항들을 검토한다.

1. 감정
2. 자신의 가치관
3. 상대의 가치관
4. 현실

각 요소를 검토해 어떤 상태인지, 또 왜 그런지를 파악한다.

감정: 자신과 대화를 갖는다. 나는 어떤 느낌을 느끼고 있을까? 감정에 이름을 붙여봐라. 이 경우엔 여러 느낌이 뒤섞여 있을 수도 있다. 좌절과 불안을 동시에 느낄 수도 있다. 이제 조금 더 깊이 파고들어보자. 왜 그런 느낌이 드는 걸까? 좌절은 충족되지 않은 기대를 암시하며, 그래서 부당하거나 잘못된 것 같은 느낌이 든다. 그렇다면 당신의 기대는 뭘까? 팀을 잘 이끌어 데드라인 전에 프로젝트를 완수해 쭉 검토할 시간을 버는 것이다. 그런데 그러기는커녕 리서치팀에서 정보를 누락한 것으로도 모자라 답을 가진 동료는 당신을 피하기까지 한다. 불안은 뭘 암시할까? 불안은 잠재적 문제를 피하려 안절부절못하는, 일종의 두려움이다. 그럼 그 문제란 뭘까? 데드라인을 맞추지 못할 가능성이 있고, 그렇게 되면 팀에게도 당신 자신에게도 타격이 생길 것이다. 제품이 출시 준비가 안 되어 회사의 계획에 몇 주의 차질이 빚어질 수도 있다. 이제 당신의 머릿속에는 최악의 시나리오가 그려진다. 상품을 출시하지 못해 소비자들을 실망시키고 회사 브랜드의 신뢰도가 떨어져 당신이 해고당하는 그림이다. 당

신의 이런 느낌들은 그 부정적 궤적을 바꾸라고 재촉하고 있는 셈이다.

자신의 가치관: 내 가치관은 뭘까? 이제 당신의 전반적인 핵심 가치관을 파악한 상태이니 이 상황에서 가장 중요한 가치관을 확인하기 위해 그 목록을 재검토하면 된다. 이 상황과 연관된 가치관으로는 정직성, 근면 윤리, 원만한 관계, 우수성, 리더십을 꼽을 만하다. 이 가치관들이 각각 당신에게 어떤 의미인지 결정한다. 정직성은 진실대로 말하며 진짜 속마음을 전하는 사람이 되는 것이다. 생각, 느낌, 행동이 일치하는 사람이 되려는 것이다. 근면 윤리는 프로젝트 완수를 위해 필요한 일이라면 뭐든 기꺼이 하려는 마음이다. 원만한 관계는 친절하고 존중하는 태도로 동료들과 협력하는 것과 연관된다. 우수성은 최상급의 품질과 시간 엄수로 프로젝트를 수행하는 것이다. 리더십은 함께 프로젝트를 완수하기 위해 팀원들이 관심과 지도를 받아야 마땅함을 당신 스스로에게 주지시키는 것이다. 이와 같이 가치관들을 살펴본 바에 따르면 불안과 좌절은 이 가치관들에 부응하지 못할 것 같은 걱정을 반영하고 있다. 또한 이 가치관들 가운데 가장 중요한 가치관은 뛰어난 리더십의 발휘일 수도 있다. 리더십에 우수성, 정직성, 근면 윤리, 원만한 관계가 모두 포괄되기 때문이다.

상대의 가치관: 관련자들에게 중요한 건 뭘까? 이 시나리오에는 몇 명의 핵심 역할자가 있다. 당신과 함께 프로젝트를 진행 중인 팀원들, 다른 팀의 팀장, 당신의 상사, 회사의 다른 동료들이다. 이 모든 사람의 결정에

불을 당긴 동기를 생각해보자. 팀원들은 당신과 비슷한 가치관을 가지고 있을 만하다. 우수한 업무 수행, 데드라인 맞추기를 중시할 테고 근면함을 인정받고 싶을 수도 있다. 당신의 상사와 회사 내 동료들의 경우엔 비슷한 가치관을 중시해 회사 브랜드와 조직을 위해 제품을 제때 잘 출시하는 것에 마음을 쓸 만하다. 리서치팀 팀장인 아미르는 어떨까? 당신의 추측으로 미루어 이 사람에게는 뭐가 중요할 것 같은가? 아미르는 성과를 중시하는 사람일 가능성이 있다. 그래서 이런저런 일을 챙기느라 바빠 연락이 잘 안 되는 것일지 모른다. 이 프로젝트 외에 신경 써야 할 다른 우선순위의 일들이 있을 수도 있다. 이런 추측이 맞을지 확신이 안 선다면 당신이 신뢰하면서 그 사람을 더 잘 아는 동료와 얘기해보는 것도 좋다. 이 경우엔 동료인 타토가 이 아미르라는 사람이 '눈에서 멀어지면 마음에서도 멀어지는' 유형이라 이메일과 전화에 늦게 답할 때가 많다는 걸 잘 안다고 쳐보자. 이런 타토의 생각으로는, 아미르가 일을 잘해내는 것에 신경을 쓰고 있고 다음 인사고과에서 기어코 승진하려는 야심이 대단하다고 여긴다.

현실: 이 상황에서 고려할 요소들은 뭘까? 이 경우엔 노동 문화, 성격 요소, 프로젝트 요소, 한계 등이 해당될 수 있다. 찬찬히 짚어보니 노동 문화는 속도가 빠르고, 목표 지향적이고, 팀 중심적으로 돌아가는 듯하다. 아미르는 성격이 느긋해 몇 주는 지나야 문자와 이메일에 답하는 사람으로 그려진다. 당신 팀원들의 성격을 보면 다들 프로젝트와 관련해서 서로 다

른 장점과 약점을 가지고 있다. 당신은 문득 동료인 스테파니가 아미르와 친한 사이인 것이 생각난다. 아무래도 당신 대신 스테파니가 그에게 연락해주는 편이 더 좋을 것 같다. 프로젝트의 데드라인은 점점 다가오고 제조팀에게 보내기 전에 검토하는 데 며칠이 걸릴 지금 상황에서 프로젝트의 완수를 방해하는 한계는 리서치팀의 정보 누락이다. 잠재적인 현실 요소는 또 있다. 아미르와 리서치팀이 자신들의 보고서가 흠잡을 부분 없이 완벽히 작성되었다고 믿으며 정보 누락을 모르고 있을 가능성이다.

이제 수집된 정보를 바탕으로 선택지들을 쭉 뽑아본다. 핵심은 결국 프로젝트 수행을 위해 누락된 정보를 얻어내는 일이다. 당신이 리더로서 책임을 다하려면 그 정보를 얻어내 업무 완수에 대한 자신의 기대가 현실적으로 가능해지게 만들어야 한다. 이 정보를 얻을 방법에는 여러 가지가 있을 것이다. 그 중 하나는 적극적으로 나서서 아미르에게 직접 정보를 요구하는 것이다. 더 높은 지휘부에 연락을 시도해 아미르의 상사를 만나 이 문제를 처리할 수도 있다. 하지만 팀원 중 스테파니 같은 팀원을 통해 리서치팀의 팀원에게 부탁하는 식으로 누락된 정보를 얻는 방법도 괜찮을 것 같다.

자, 그러면 어떤 방법이 옳은 선택지일까? 글쎄, 그건 모르겠다! 옳거나 틀린 답은 없을 것이다. 대다수의 경우, 완벽한 답은 없다. 어쨌든 당신은 여기까지 왔다면 문제를 명확히 짚어내 그 문제를 해결할 수 있을 만한 선택지를 내놓는 일을 아주 잘한 것이다. 프레임워크의 목적은 실패할 염려가 없는 답을 고르는 것이 아니라 창의적인 해결책을 세우는 데 유용한 필수적 정보를 추론하는 것이다. 나에게 개인적으로 묻는다면 나는 지금까지의 모든 아이디어를 통합해 선택지를 정할 것 같다. 아미르에게 이메일을 보내 리서치팀에서 누락한 정보가 필요하다는 점을 알리고 나중의 책임 문제를 고려해 나의 상사에게도 참조 이메일을 보내겠다. 이때 더 확실한 문제 처리를 위해 처음 받은 보고서를 가져와 누락된 부분에 강조 표시도 하고 보고서가 어떻게 수정되면 도움이 될지에 대한 의견도 전달할 것이다. 그 정보가 빠지게 될 것을 대비해 팀원들에게 몇 가지 모의 디자인을 만들어두라고 당부하기도 할 것이다. 타토와 스테파니에게 부탁해 리서치팀 팀원들에게 도움을 청해서 정보를 얻거나 아미르에게 연락이 닿게 해달라고 할 것이다. 또 후속조치를 취할 일자를 정해놓고 내 통제 밖인 일들은 포기하겠다.

이번엔 실제 사람들과 딜레마를 바탕으로 만든 시나리오 몇 가지를 보자. 시나리오를 읽을 때는, 이 사람들의 대응을 읽기 전에 직접 프레임워크를 활용하는 연습을 해보기 바란다.

시나리오 1: "날 좀 놔주세요!"

소피아는 멕시코 출신의 서른 살 된 딸로, 현재 부모님의 집에서 같이 살고 있다. 자신의 사업을 시작하고 싶은 마음이 간절하지만 부모님은 4

178

대째 가업으로 이어온 식당을 넘겨받길 바란다. 소피아가 대학교와 대학원을 모두 해외에서 이수한 이유는 이렇게 배워 온 지식을 활용해 멕시코에서 자신의 사업을 시작하고 싶은 마음 때문이었다. 그런데 하나의 사업 구상에 끈기 있게 매달리지 못하는 것처럼 보인다. 실제로 지난 7년간 이런저런 기회를 덥석 받아들였다가 번번이 흐지부지 끝이 났다. 그러던 중 친한 친구의 말에 자극받아 위험을 감수하고 같이 아프리카로 인도주의 활동을 떠나 10년 정도 아이들을 도와주고 오면 어떨까 하는 생각을 품게 된다. 다만, 마음은 끌리지만 그러자면 모아둔 돈을 거의 다 써야 할 것 같다. 게다가 그 활동은 자신의 커리어와 무관해 보이기도 한다. 소피아의 주된 걱정거리는 다음과 같다.

1. 현재 시도 중인 창업 활동을 포기하고 인도주의 활동을 떠나는 게 좋을까?
2. 부모님에게 허락과 지지를 받으려면 어떻게 해야 할까?
3. 파산하지 않고 이 활동에 동참하려면 어떻게 해야 할까?

여기서 잠깐. 계속 읽기 전에 프레임워크를 활용해 당신 나름대로 답을 정하는 연습을 해보길.

소피아의 프레임워크
감정: 나 자신도, 내 일과 상황도 다 좌절감이 들어. 지금까지 계획한 일

이 하나도 잘된 게 없잖아. 무슨 사업을 해야 할지 불분명해서 혼란스러운 기분이 들기도 해. 실패할까 봐 겁나서 계획을 잘 결정하지 못하겠어. 사업이 잘 안 풀려서 부모님을 실망시키는 것도 싫고 기껏 힘들게 공부해놓고 결국 다시 식당 일을 하게 된다면 자존감이 박살나기도 할 거야. 절친과 아프리카로 인도주의 활동을 떠나는 일도 걱정스럽긴 마찬가지야. 돈이 많이 들어서 창업 활동을 계속할 자금이 부족해질 것 같은데.

자신의 가치관: 나는 나의 독자적 개성이 내 일에 깊이 담길 만한 착안을 해내는 능력과 독립성을 중요하게 생각해. 나에게 성공할 자질이 있다는 걸 나 자신과 다른 사람들에게 증명하고 싶어. 나는 부모님과 나를 지지해주는 사람들을 사랑해. 내 사업 구상이 더 명확하게 잡히면 좋겠고 타성에 젖은 이 생활에서 벗어나고 싶어. 나는 삶에서 유리한 상황을 붙잡을 대담함과 용기가 중요하다고 봐. 하느님이 지켜보며 인도해주고 계신다고 믿고 있어.

상대의 가치관: 어머니와 아버지는 가족과 전통을 중요하게 생각하셔. 내가 경제적으로 안정되고 건강하고 행복하길 바라시고. 내가 가업인 식당을 이어받으면 지금까지 우리 가족들 대부분이 그랬던 것처럼 나도 안정된 생활을 하게 될 거라고 믿고 계셔. 하느님은 당신이 내 필요와 계획을 보살펴 주실 것으로 믿는 내 신심을 중시하셔. 내 절친이 아프리카로 떠나는 활동에 내가 같이 가길 바라는 이유는 내가 신앙심을 펼치며 새로운 관점을 얻었으면 하는 마음 때문이야. 우리의 관계를 소중히 여겨 아프리카에서의 특별한 경험을 나와 함께하고 싶어 하기도 해.

현실: 아프리카로 활동을 떠나려면 2,000달러의 비용이 들어. 내 은행 잔고는 대략 2,000달러 정도야. 내 사업의 구상이 더 명확히 잡힐 거라는 보장은 없어. 지금도 사업 아이디어가 있지만 그 아이디어에 대해 아직도 확신이 서질 않잖아. 안전지대를 과감히 벗어나 위험을 감수하는 일은 확실히 하느님에 대한 믿음 없이는 할 수 없는 일이야. 내가 떠나지 않고 가업을 이어가길 원하는 부모님은 내가 그 바람을 들어드리지 않으면 실망하실 게 틀림없지만 여기에 남아 가업을 이으며 창업 꿈을 접는다면 나는 반은 죽은 사람처럼 살 거야. 부모님은 내가 어떤 진로를 선택하든 상관없이 날 사랑하셔. 아프리카 인도주의 활동에 동참할 이런 기회는 3년에 한 번 정도밖에 오지 않아.

소피아의 프레임워크에 따르면 그녀에게는 다음의 몇 가지 선택지가 있다.

1. 부모님의 바람을 따라 가업을 이으며 꿈을 포기한다.
2. 사업의 구상을 계속하며 자질을 갈고닦는 데 더 힘을 쏟는다.
3. 새로운 관점에 눈뜨고 신앙심을 실행하기 위해 아프리카 인도주의 활동에 동참한다.

소피아의 선택지를 보면 결정들마다 나름의 이점과 대가가 있다. 선택지 1번은 현재의 상황을 유지하며 그녀 자신을 뺀 모든 사람의 바람을 들어주는 것이다. 선택지 2번은 얼핏 타당한 선택 같지만 사업의 구상은 지난 몇 년간 방향성 부족 탓에 제대로 되지 않았던 일이다. 선택지 3번은 프레임워크 상의 정보를 감안하면 소피아의 가치관과 가장 일치하는 것 같다. 그녀의 신앙심을 발휘하면서 현재의 상황과 거리를 좀 두며 새로운 관점을 얻게 될 만한 결정이다. 이 결정은 의미 있는 일을 하려는 가치관과 일치해, 아프리카 사람들과 절친에게 자비를 베푸는 일이 될 수도 있다. 한편 아프리카로 활동을 떠나기로 선택할 경우 모아둔 돈을 다 쓰고 부모님이 속상해 할 수도 있다. 소피아가 가족을 사랑하는 점을 고려하면 부모님이 반대 입장을 보이고 있더라도 부모님을 존중하는 그 마음을 따라 자신의 결정을 분명히 전해야 할 것이다. 선택지 2번은 아프리카에서 돌아온 이후에 해볼 수 있는 일이다. 이제 마지막 질문이 남았다. "정보에 근거한 이 결정이 이 상황을 감안했을 때의 최선의 결정일까?"

시나리오 2: 모두를 위한 희생

라밀은 현재 마흔다섯 살이고 로웨나의 남편이자 어린 세 자녀(타라, 마유미, 크리샌토)를 둔 아버지다. 아버지는 가족의 생계를 책임져야 하는 사람이라는 사고방식을 가지며 자란 그였는데 가족이 경제적으로 쪼들리는 형편에 놓여 있다. 도시에서 되는 대로 임시 시간제 막노동을 하며 근근이 먹고사는 처지이지만 가족과 보내는 시간을 유연하게 쓸 수 있어서 즐겁기도 하다. 그런데 얼마 전에 필리핀 국영 석유회사에서 추출직 일자리를 제안해왔다. 근무지는 차로 세 시간가량 거리의 도시 외곽이다. 일자리가 안정적이고 급여도 그가 가장 많이 벌 때의 액수보다 두 배나 많다. 직무는 천연가스 채굴을 다루는 일이라 아주 위험하다. 근무지까지의 도로 사정이 형편없어서 주중에는 계속 현장에서 지내고 주말에만 집으로 돌아오기로 작정하게 될 것 같다. 지금 화급히 답해야 할 문제는 딱 하나이다. "이 일자리를 받아들여야 할까?"

여기서 잠깐. 프레임워크를 활용해 답을 정하는 연습의 시간부터 가져보길.

라밀의 프레임워크

감정: 돈을 두 배로 벌게 될 일자리를 제안받아 마음이 들뜬다! 환경의 변화와 정규직의 안정성은 나에겐 별 관심이 없는 부분이야. 그래도 가족들이 더 나은 생활을 할 여유가 생기는 점을 생각하면 마음속에서 이 일자리를 받아들여야 한다는 압박감이 생겨. 장시간 일해야 해서 아내, 아이들과 함께 보낼 시간을 그만큼 잃는 부분은 좀 안타깝네. 위험한 작업 환경, 출퇴근길의 불편함, 주중에 집에 못 오는 점이 걱정스럽기도 하고.

자신의 가치관: 나는 책임감과 가족의 생계 부양을 중요하게 여기는 사람이야. 내 가족이 더 잘살 수 있게 된다면 장시간의 힘든 일도 기꺼이 할 마음이 있어. 나에겐 가족이 정말로 소중해서, 가족과 함께 시간을 보낼 수 있는 시간이 중요해. 여유롭게 애들을 학교에 데려다주기도 하고 아내

와 그날 일어나는 일들을 놓고 실없는 잡담을 나누며 웃을 시간이 있는 게 좋아.

상대의 가치관: 아내는 내가 가족을 먹여 살리길 바라지만 내가 유전에서 일하는 것에 대해서는 위험성 때문에 착잡한 감정을 느끼고 있어. "돈은 다른 방법으로도 벌 수 있다"는 이유로 내 건강과 안전을 돈 버는 것보다 중요하게 생각해. 로웨나는 아이들 곁에는 아버지가 있어야 한다는 가치관도 가지고 있어. 내가 아이들과 같이 있어 줘야 한다고 생각해. 세 아이 모두 주중에 내가 집에 오지 않으면 정말 슬플 거라고 말하고 있고.

현실: 도시에서 계속 '이리 뛰고 저리 뛰며' 임시 일거리들을 전전하는 생활은 스트레스가 엄청나. 그 추출직 일자리의 경우엔 아주 위험해서 작업 중에 크게 다칠 우려가 있고, 심지어 죽을 수도 있어. 가족과 떨어져 보내야 하는 시간이 많아지기도 하겠지. 벌이가 두 배가 될 테니 대출금을 좀 갚고 애들이 장래를 위한 소양을 더 잘 기를 수 있게 교육시킬 여유도 생길 거야.

라밀은 자신의 프레임워크에 근거해 다음의 몇 가지 선택지를 내놓았다.

1. 일자리 제안을 거절하고 도시에서 계속 임시직 일거리를 찾아 돈을 번다.

2. 일자리 제안을 수락해 돈을 더 많이 벌지만 자신의 안전과 가족과의

시간을 포기한다.

3. 제안을 거절하고 적극적으로 다른 취직 기회를 찾아본다.

4. 한시적으로 일하는 조건으로 제안을 받아들여 빚을 갚은 후에 다른 취직 자리를 구하는 일을 뒤로 미뤄둔다.

짐작했겠지만 라밀의 선택지는 그렇게 이원적이지 않다. 궁극적 문제는 제안을 받아들이느냐 마느냐이지만, 기간을 조정 가능하고 일자리를 구할 수 있는 또 다른 선택지도 있다. 라밀이 판단해야 할 문제는 가족의 경제적 안정이 가족과 함께할 수 있는 여건보다 중요한가 아닌가이다. 이번에도 옳거나 틀린 답은 없다. 적어도 라밀의 선택지가 그의 핵심 가치관에 바탕을 두고 있는 한은 그렇다. 라밀에게 가족이 중요한 존재라는 점을 감안하면 이 결정은 가족의 입장에서 내려야 할 것이다. 결국 최종적으로 던져야 할 질문은 이것이다. "정보에 근거한 이 결정이 이 상황을 감안했을 때 내가 내릴 수 있는 최선의 결정일까?"

시나리오 3: 사업 판도의 변화

게이지는 서른 살의 사업가로, 열세 명의 직원을 거느리고 있다. 아버지와 할아버지의 손에 컸고 두 분 모두 성공한 사업가였다. 게이지는 스물한 살 때 첫 사업으로 문신 시술소를 열어 잘 키워냈다. 사업을 확장해나가 분점을 세 곳 더 내기도 했다. 3일씩 가게에 나와 일을 거들지만 가게의 운영은 주로 지점장과 직원들이 잘 맡아 꾸려가고 있나. 그 대가로 지점장과 직원 들에게 급여를 후하게 주고 있다. 그런데 얼마 전에 지점을 더 늘리려고 건물 하나를 새로 임대 계약했는데 갑자기 핵심 직원 다섯 명이 독자적으로 타투 시술소를 열겠다며 일을 그만두고 나갔다. 그 바람에 사업 소득이 40퍼센트가 줄어 이제는 담보 대출금과 새 건물의 임대료와 직원들 월급을 챙기고 자신의 생계를 꾸려가기에 버거워진 상태다. 그가 결정할 고민은 다음과 같다.

1. 사업이 다시 회복되고 비어 있는 다섯 명의 타투이스트 자리도 메울 수 있을 거라는 희망을 걸고 대출을 받을까?
2. 미리 얘기도 없이 갑자기 나를 떠난 다섯 명의 직원에게 복수해서 장사가 날개를 달기도 전에 경쟁자의 싹을 밟아 놓을까?
3. 새로 임대한 건물을 재임대 놓아 내 사업 말고 다른 사업을 들이게 할까?

게이지의 경우엔 처음의 이 생각들이 이미 선택지의 형태를 띠면서 예스나 노로 답할 만한 구도이다. 나는 이럴 땐 이런 초반의 해법들을 옆으로 밀어놓고 프레임워크를 활용한 해결책부터 세워보길 권하고 싶다.

여기서 잠깐. 프레임워크를 활용해 당신 나름의 답을 정하는 연습부터 해보길.

게이지의 프레임워크

감정: 생각하면 정말 화가 나. 직원 다섯 명이 내 사업장을 나가 타투 시술소를 열고 나랑 직접 경쟁을 벌이다니. 나한테 먼저 의논하지 않았다는 게 배신감이 느껴지고 슬퍼. 난 우리가 가족 같은 사이인 줄 알았는데 말야. 사업 구상은 빚 때문에 이미 궁지에 빠져버려 좌절감이 들어. 그 직원들이 자기들 계획을 나한테 의논했더라면 새 건물의 임대를 미루었을 거야. 별난 기분이지만, 전 직원들이 내 가게에서 잘 수련을 받아 자기들 사업장을 열었다는 게 자부심이 들기도 해. 자금 문제 때문에 좀 불안해. 내 돈의 대부분은 이 사업에 묶여 있는데 공과금 납부하랴 직원들 월급 주랴 쓸 데가 많잖아.

자신의 가치관: 나에게는 사업에서의 성공이 중요한 가치관이니 이익을 내기 위해 정보에 근거해 면밀히 계산된 위험을 감수해야 해. 내 직원들을 건사하고 나만의 시그니처를 갖춘 사업을 키워내고 있는 나 자신이 자랑스러워. 나는 건강한 우정과 파트너십도 중요시해. 정직하고 올바르게 행동해야 한다는 신념도 갖고 있어. 윤리적인 사업가로서의 이미지와 평판에도 신경이 쓰여. 나는 내 일의 다양성과 창의성을 즐기고 있어. 그것이 최상의 장기 전략이라는 걸 알아. 직원의 수준 높은 실력을 중요하게 여기며 더 즐거운 교류가 오가는 근무 환경을 북돋워야 해.

상대의 가치관: 전 직원들도 나처럼 자신만의 독자적 시그니처를 가진

사업을 키우는 데 신경 쓰고 있을 거야. 성공하고 싶은 야망이 있을 테고 갈등을 피하고 싶은 마음에 나에게 미리 얘기하지 않았을 거야. 나와 수년간 일을 해온 사이라 자기들 딴의 윈윈 시나리오를 세우고 싶어 했을 테고 나에 대한 악감정으로 그만둔 건 아닐 거야. 지금 있는 직원들은 저마다의 필요가 있는 사람들이고 월급을 꼬박꼬박 잘 받길 바라. 나와 계속 일하는 이유는 최선을 다하도록 자율권을 주는 근무 문화를 중요하게 여기기 때문이야.

현실: 새로 임대한 건물은 계약 기간이 1년이고 첫 임대료는 3주 후에 나가. 지금 사정으론 앞으로 3개월치 정도의 임대료를 감당할 수 있고. 직원 다섯 명이 그만두며 현금 유동성이 40퍼센트 줄어서 앞으로 나머지 직원 여덟 명에게 월급을 줄 지급력에 타격이 생길 거야. 구제금융이나 공동임차 조항을 활용하면, 바뀐 상황을 감안해 새로운 건물 임대 문제를 해결하는 데 도움이 될 수도 있어. 실력 있고 평판 좋은 타투이스트를 가려내 채용하는 데 걸리는 기간은 통상적으로 1~3개월이지만 훨씬 더 오래 걸릴 수도 있어. 고객들이 우리 타투 시술소를 찾는 이유는 우리 시술소 고유의 품질과 고객 서비스 때문이야. 나는 여러 증명서를 갖추고 있고 시술소에 대한 온라인 평점도 높으니 앞으로 경쟁 우위를 갖게 될 거야. 타투이스트 세계가 워낙 좁은 바닥이라 전 직원들에게 복수를 했다간 우리 시술소의 가족 같은 문화를 다들 불편해할 거야.

게이지의 프레임워크에 따르면 다음의 몇 가지 선택지가 있다.

1. 내 연줄을 활용해 나를 떠난 직원들이 기반을 잡기 전에 밟아버려 나를 떠난 직원들에게 본때를 보여줄 수 있다.

2. 그만둔 직원들을 격려해주며 가족 같은 문화를 지키길 희망하는 마음으로 그 직원들이 나에게 얼마나 큰 상처를 줬는지 알려주며 그 직원들과의 관계를 중요하게 여길 수 있다.

3. 위험을 감수하며, 제때 새로운 타투이스트가 고용되어 재정 상황이 새 건물 임대료와 지출을 감당할 수 있길 희망한다. 희망대로 안 되면 대출을 받으면서 일할 사람을 계속 찾아본다.

4. 자존심을 누르고 건물의 일부 공간이나 전체를 재임대하는 걸 생각해 사업 확장 시도를 보류하고 그렇게 마련된 돈으로 현재의 사업을 지탱한다.

5. 위약금을 치르게 되더라도 새 건물 임대를 완전히 해약할 방법을 찾아본다.

보았다시피 이 중 두 가지는 전 직원들과의 관계를 다루지만 나머지 세 가지 선택지는 임대 건물과 관련된 재정 문제를 다루고 있다. 타투 업계와 자신만의 기업가 가치관에 애정을 갖고 있는 점을 감안하면 게이지는 전 직원들과 다시 유대를 맺고 뭔가 일을 적극적으로 밀고나가면서 자신의 감정에 솔직해지고 싶어 할 수 있다. 실력 있는 타투이스트를 고용할 수 있을 거라고 스스로의 능력을 믿는다면 계속 밀어붙여 재정적 위험을 감수하기로 마음먹을 수도 있다. 한 달 정도 그렇게 해본 후에 건물의 재임대를 결정해도 된다. 게이지의 해결책은 모든 선택지를 고려하되 이 선택지들의 실행을 기간을 여러 간격으로 조정해서 해볼 수 있다. 새 타투이스트를 적극적으로 찾아보는 동시에 자신의 사업과 잘 맞을 만한 새로운 사업에 새 건물을 재임대할 수 있다. 다음 달까지 채용 후보자들이 나타나길 기다렸다가 그때 가서 이리저리 따져본 후에 그 후보자들 중에서 새 직원을 뽑을지 아니면 건물을 재임대할지를 결정해도 된다. 지금으로선 새 건물의 임대 계약을 철회하고 느긋이 시간을 갖고 찬찬히 실력 있는 타투이스트를 알아보면서 사업 확장은 차후로 미룰 수도 있다. 이 중 어느 쪽을 택하든 게이지는 새 직원 고용이나 건물에 재임대할 사업을 놓고 도박을 벌이지 않으면서 현재의 사업과 직원들을 지켜낼 수 있을 것이다.

결론

앞에서도 얘기했다시피 프레임워크는 완벽한 해법을 이끌어주진 않겠지만 정보에 근거한 결정을 내리는 데 유용할 것이다. 좋은 결정을 내리기 위해 검토해야 할 중요한 요소들을 고려할 수 있게 해준다. 적어도 프레임워크는 당신 자신이나 신뢰하는 상대와 대화를 갖도록 유도해 그 과정에서 절로 최적의 조합을 이룬 선택지가 드러나게 해준다. 불필요한 잡음과 쓸데없는 생각을 걸러내는 것 역시 프레임워크의 지향 목표다. 최상의 답은 흑백의 양극단이 아닌 회색 지대에 놓여 있는 경우가 많다. 우리가 서로 복잡하게 뒤얽힌 사람들로 이루어진 복잡한 세계에 살고 있기 때문이다. 지금까지 소개한 몇 가지 시나리오가 프레임워크의 작동 방식과 사고 원리를 잘 보여주었길 바란다.

프레임워크를 통해 최상의 해법을 찾았더라도 그 해법이 반드시 실행된다는 보장은 없다. 결정한 선택을 따르지 못하게 방해할 만한 심리적 요소와 환경들도 있다. 다음의 몇 장에서는 최적의 결정을 이루기 위해 용기, 재다짐, 주인의식이 얼마나 중요한지 얘기해보자.

10장

용기:
두려움을 이겨내는 법

나는 선의를 가지고 있고 어떻게 행동해야 할지도 알지만 행동으로 옮기지 못하는 사람들을 평생 수도 없이 봐왔다. 당신 주변에도 그런 사람들이 있지 않은가? 온갖 옳은 말을 하고 심지어 아주 좋은 조언을 해주기도 하지만 계속해서 삶에서 애를 먹는 사람들이 있다. 성 베르나르를 비롯한 여러 위대한 사상가들은 "지옥으로 가는 길은 선의로 포장되어 있다"[81]고 여겼다. 잘하고 싶은 마음과 진짜로 잘하는 것은 서로 별개의 문제다. 이렇게 되는 데는 그럴 만한 이유가 있다.

심리학계에서 흔히 말하는 격언처럼 "통찰이 곧 변화는 아니다." 더 잘 안다고 해서 반드시 더 잘 행동하는 것은 아니다. 브라이언 클레머의 『요령만으로 충분하다면 우리는 날씬하고 부자에다 행복할 것이다』는 바로 이런 문제를 다룬 책이다.[82] <뉴욕 타임스> 베스트셀러 저자인 터커 맥스는 이 문제에 대해 논하며 "천국으로 가는 길은 선한 행동으로 포장되어 있다"고 밝힌 바 있다.[83] 아는 것은 실제로 적용해야만 효력이 있다. 잠시 당신의 삶을 성찰해보라. 당신은 언제나 당신의 판단에 옳은 대로 행동하는가? 답이 그렇지 않다라면 인간계에 온 걸 환영한다. 사람은 이렇게나 별난 존재다, 안 그런가? 내가 이 문제를 꺼내든 건 프레임워크를 활용해 최적의 해법에 이른다고 해서 자동적으로 그 결정을 따르게 되는 게 아니기 때문이다. 이런 현실을 의식할수록 이런 상황을 반전시킬 힘을 더 많이 갖추게 된다.

결정을 내릴 때는 보이지 않는 요소가 작용한다. 지그문트 프로이트는 인간의 심리에 대해 아주 별난 이론 몇 가지를 가지고 있었지만 인간의 경험에 대한 그의 묘사는 사람들에게 깊은 공감을 일으키며 내적 갈등을 분명히 밝히는 데 도움이 되어주었다. 프로이트는 인간의 정신을 이드id, 에고ego, 초자아superego라는 세 영역으로 분류했다.[84] 이 셋은 뇌의 실제 영역은 아니지만 희한하게도 이론상으로 우리 정신의 내적 긴장을 잘 나타내준다.

이드는 강한 감정과 욕망으로 채워진, 원초적이고 여과되지 않은 영역이다. 과민한 세 살짜리 아이와 같다. 그 순간에 옳다고 느껴지는 대로 하고 싶어 한다. 이 케이크 먹고 싶지? 응, 그것도 지금! 저 윗사람의 얼굴을 갈겨주고 싶지 않아? 그럼 그렇게 해. 이것이 이드다. 원초적 욕구와 즉각적 만족에 사로잡힌, 무의식적 열정 덩어리. 이드는 이런 요구의 긴급성을 의식하며 결과에 대해서는 신경 쓰지 않는다. 적어도 기어이 일이 터지기 전까지는. 이드에 사로잡힌 결정은 그 순간에는 옳게 '느껴질' 수 있지만 대개 의도치 않은 고통스러운 결과를 가져온다. 그렇다면 이렇게 뒤엉킨 상황을 누가 정리해야 할까? 바로 당신이다. 프레임워크의 관점에서 보면 이런 결정은 오로지 감정적 영역에 치우쳐져서 내려진 것이다.

초자아는 당신 자신의 도덕적이고 성숙한 일면으로, 당신 자신과 남들과 사회의 판단상 옳은 대로 행동하는 것을 지향한다. 초자아는 성직자나 성인聖人의 이미지로 그려볼 만하다. 책임감 있지만 비판하기 좋아하는 형과 같다. 느낌과는 상관없이 공정함과 건전성을 기준으로 결정을 내린다. '마땅히 그런 결정을 열망해야 하지 않나!' 이런 생각이 들 수도 있고 어느 정도는 그 생각이 맞다. 오로지 초자아에 치우쳐진 사고방식의 문제는 부모와 사회가(혹은 부모나 사회가) 옳다고 여기는 기준에 따라 개인의 열망이 억눌리는 탓에 진정성 없는 결정이 내려진다는 점이다. 초자아는 이드를 묵살하고 도덕적으로 행동하길 지향한다. 심지어 그 해법이 비현실적이거나 거짓된 것이라 해도. 이런 식이면 자신의 개인성은 묵살된 채로 남들의 인정을 받는 것이 삶의 주된 목적이 된다. 프레임워크의 관점으로 보면 이는 감정과 자신의 가치관을 무시한 채 주로 상대의 가치관에 따라 살아가는 삶이다.

마지막으로 에고는 이드와 초자아 사이의 뛰어난 중재자로, 두 욕구와 두루두루 절충하길 지향한다. 공감력 있는 코치나, 손위 형제와 손아래 형제가 서로 싸우지 않게 말리는 가운데 형제를 떠올리면 적절하다. 에고는 이기적이고 옹졸한 이드와 지나치게 공정한 초자아가 서로를 죽이지 못하게 막으면서 평화를 유지하고 싶어 한다. 사회적으로 적절한 방식으로 양쪽을 만족시킬 만한 결정 방법을 찾으면서 이드의 원초적 욕구와 초자아의 '올바른' 욕구 모두를 고려한다. 양쪽의 요구를 중재해 양쪽을 두루 포용하는 건전한 중간을 찾으려 애쓴다. 프레임워크의 관점에서 볼 때 에고는 주로 현실의 정보에 근거한다. 하지만 에고에는 맹점이 있으니, 어떤 경우든 안정과 안전이 좋다고 여기는 불건전한 추정이다. 다시 말해, 당신이 그저 그런 평범한 삶을 살고 있더라도 에고는 어떠한 잠재적 변화로든 '풍파를 일으켜' 안정을 위태롭게 하는 걸 원치 않는다. 변화를 불편하게 느껴 나쁜 것으로 해석하는 것이 보통이다. 때로는 현실 요소가 한계를 드러내며 해보면 좋을 만한 일을 보여주지만 에고는 한계를 밀어내고 현재 상태를 붕괴시키길 내켜 하지 않는다. 프레임워크를 실행해 긍정적 변화를 추진해야 할 때도 대체로 묵살의 신호를 강하게 보낸다.

에고는 진정한 자아와 문제 해결을 희생시키더라도 '평화를 유지'하고 고통을 피하기 위해 여러 가지 창의적인 방법을 개발해왔다. 그러면 지금부터 난관이 발생할 때 일어날 만한 보편적 방어기제들을 쭉 살펴보자.[85] 당신에게 깊은 공감을 일으키는 것들에 주목해서 읽어보기 바란다.

· 받아들이기: "원래 다 그런 거겠지." (심지어 현실을 변화시킬 방법이 있는 데도 이렇게 부추긴다.)

· 반항: "이런 XXX! 네가 뭐라든 관심 없어!" (이런 식의 감정 분출로, 더 깊

은 문제로 주의를 돌리지 못하게 한다.)

· 이타주의: "내가 도와줄게! 나? 내 걱정은 하지 말고." (다른 사람들의 문제를 챙겨주는 데 집중하는 식으로 실제 문제를 회피하는, 보다 친사회적인 방법이다.)

· 회피: "지금은 생각하고 싶지 않아." (단기적 안심의 대가로 잠재적 고통을 미루는, 질질 끌기의 진수다.)

· 전환: "이상하게 기침이 나오고 목이 조이네." (심리적 문제가 신체를 통해 상징적으로 표출되는 것이다. 예를 들어, 기침이 나오고 목이 조이는 것은 직장에서 부당한 관행을 겪으면서도 상사에게 소신 있게 말하지 못하는 답답함을 상징하는 것일 수 있다.)

· 부정: "문제라니? 아무 문제 없는데!" (문제가 존재하지 않거나 그 문제에 대한 책임이 그 사람에게서 딴 데로 옮겨져 있는 상상의 세계를 만드는 사례다.)

· 대체: "우리 개가 왜 저렇게 짜증 나 있지?" (직장 상사 같은 실질적 상대에게 적절히 표출되지 못한 억눌린 감정을 더 안전한 대상에게 풀어내고 있다는 신호이다.)

· 환상: "아내가 나에 대한 사랑만 깨달으면 완벽할 텐데." (지나치게 단순화시켜서 문제를 해결할 가능성이 희박한 해법을 만들어내는 사례다.)

· 유머: "아무튼 그 셔츠 나도 이상하다고 생각했어. 초등학생 때나 입던 옷 같았다니까!" (어떤 일을 가볍게 여기기 위한 보다 사회적으로 용납 가능한 방식이지만 때로는 문제점에 대한 자신의 실제 생각과 느낌을 외면하게 된다.)

· 동일시: "그래, 이제 나도 다른 친구들처럼 조던 농구화 신고 다니는 거야." (거부나 자신의 주관에 근거한 위협을 회피하기 위해 주위 사람들의 사회적 기준이나 태도를 받아들이는 것이다.)

· 이성적 사고: "슬퍼할 이유가 뭐가 있어? 죽어가는 건 삶의 자연스러운 일부잖아." (불편한 감정과 거리를 두기 위해 사실에 초점을 맞춰 상황을 정상화하는 것이다.)

· 수동적 공격: "그 사람들이 나를 사랑했다면 돈을 빌려줬겠지." (대립을 두려워해 회피하면서도 여전히 자신의 느낌을 간접적으로 전하는 것이다.)

· 투영: "그 남자 틀림없이 애들과 관련된 일 하는 거 싫어할 걸." (자신의 표출되지 않은 생각과 느낌을 다른 사람에게 투영하며 다른 사람도 똑같이 생

각하거나 느낀다고 믿는 태도다.)

· 합리화: "교수님의 문제 설명이 부실해서 시험을 망쳤어." (결과 이면의 진짜 이유와 대면하는 대신 변명으로 자신의 결정이나 성과를 합리화하는 것이다.)

· 반동 형성: "다들 선생님이 예쁘다고 난리인데 못 들어주겠어. 못생겼더구만." (어떤 사람이나 대상에 대해 용납 불가능한 생각과 느낌을 갖게 되었을 때 자신의 그런 충동을 상쇄하기 위해 그와 반대되는 생각과 느낌을 만들어내기도 한다.)

· 억압: "결혼한 여자에게 이런 연애 감정을 느낀다는 게 거북해." (죄책감과 수치심을 느낄 때의 흔한 반응으로, 이런 생각들은 머리가 의식 밖으로 완전히 밀어내더라도 상징적 꿈이나 별난 행동으로 나타날 수도 있다.)

· 퇴화: "좋아, 너는 더 이상 내 베스트 프렌드가 아니야. 나 혼자 아이스크림 먹을래." (미숙하고 유치한 반응으로 되돌아가는 이런 식의 말은 스트레스를 덜기 위해 더 안전하고 호의적이던 시절과 연계짓는 것이다.)

· 사회적 비교: "자전거밖에 없는 내 친구와는 달리, 적어도 나는 대체로 잘 굴러가는 차가 있잖아." (자신을 더 높이거나 상대를 부정적으로 깎아내

리는 식으로 자신의 현재 상황에 대해 더 기분 좋게 느끼는 태도의 사례다.)

· 분열: "네 고양이는 말썽만 부리는 골칫덩어리야." (상황을 좋거나 나쁜 것으로 단순화시키는 극단적 흑백사고는 뇌가 더 단순한 말로 더 쉽게 생각하게 만든다.)

· 신체화: "아버지를 보고 온 뒤부터 허리가 너무 아프네." (일부 문화에서는 신체적이거나 의학적인 문제가 정신적·정서적 문제보다 더 용납되어서 주의를 신체적 고통으로 돌리며 무의식적으로 진짜 문제를 회피한다.)

· 승화: "나는 딸의 암 투병을 기리는 의미에서 암으로 사랑하는 사람을 잃은 가족들을 돕기 위한 재단을 세웠어." (힘든 일을 겪으면서 그 일을 긍정적인 방향으로 돌려 대처할 경우 때때로 그 고통을 제대로 인정하지 못하게 된다.)

· 억제: "거기에서 술과 담배를 파니까 그 주류매장 옆으로는 지나가지 않을래." (괴로움을 주는 생각과 느낌을 의식적으로 밀어내는 태도가 반영되어 있다. 무의식적으로 밀어내는 억압과는 다르다.)

지금까지의 방어기제 가운데 몇 가지에 공감이 갔는가? 내 경우엔 이 방어기제들 대부분을 어느 시점에선가 활용했던 것 같다. 방어기제의 목적은 스트레스 요인을 헤쳐나가 혼란을 최소화한 상태에서 계속 제 기능을 하도록 돕는 데 있다. 이런 반응들은 대체로 무의식적이고 자동적이며 돌발적이다. 우리의 목표는 모든 방어기제를 피하는 것만이 아니라 이런 방어기제만으로 삶에 반응하고 싶어 하지 않는 것이기도 하다. 방어기제는 의도적 선택을 내리지 못하게 힘을 빼앗기 때문이다. 다른 관점에서 보면 방어기제는 진짜 문제를 처리해야 할 때 주로 나타나기도 한다. 따라서 감정과 비슷하게, 이런 방어기제와 진짜 문제를 흐릿하게 가리는 방어기제의 역할을 의식할수록 마음을 느긋하게 먹고 프레임워크를 활용해 중요한 문제를 더 잘 처리할 수 있다. 이런 문제에 직면하기가 고통스러울 수도 있겠지만 문제를 적절히 처리할 수 있으려면 무의식을 더 의식적으로 바꿔야 한다.

　용기가 프레임워크의 마지막 체크포인트인 이유가 여기에 있다. 감정, 자신의 가치관, 상대의 가치관, 현실을 통합해 최적의 결정을 찾아내고 나면 행동에 옮기기 위해 용기가 필요해진다. 변화를 안전하지 않은 것으로 느껴 불안과 두려움이 고개를 들고 자기회의가 뇌를 장악하기 쉽다. '내 결정으로 상황이 더 좋아지지 않으면 어쩌지?', '이런 결정을 내렸다가 문제가 더 악화되면 어쩌지?', '내 의견을 내세웠다가 사람들이 나를 따돌리면 어쩌지?', '이게 최상의 선택인 것도 아니면 어쩌지?' 이렇게 지나친 생각 탓에 결정을 실행하지 못하면 그 결정을 보류하게 되면서 힘들게 애쓴 노력이 허사가 된다.

　두려움과 망설임은 자연스러운 반응이다! 최적의 결정이라고 해서 무조건 좋게 느껴지지는 않는다. 어떤 때는 결정을 내리고 나면 어깨에서 부담이 덜어지는 느낌이 든다. 잘될 것이 확실해서 기운이 나고 힘이 북돋워진다! 하지만 에고와 충돌해 정말로 겁이 나는 결정들도 있다. 왜일까? 결정은 행동과 결과를 일으키기 때문이다. 행동에 못 나서도록 막기 위해 모습을 드러낼 만한 정신적·정서적 방어기제에 주목해야 한다. 다른 대안인 행동에 나서지 않는 것 역시 그에 따른 결과가 생긴다는 사실을 잊지 말자. 결정을 내리든 내리지 않든 영향이 미치는 건 마찬가지다. 현재 상태를 유지할 경우 문제가 영구화될 우려도 있다. 행동에 나서지 않으면 싸움 한 번 안 해보고 최적이 아닌 상황에 계속 갇혀 있게 된다. 나중에 가서 상황이 더 좋아졌을지를 궁금해하며 살아가지 마라. 우리의 가장 귀한 자원인 시간은 앞으로만 나아갈 뿐 되돌아오는 법이 없다. 인생은 짧고 우리는 시간이 얼마나 남아 있는지 모른다. 어떠한 결과가 예측되든, 두려움의 원인, 잠재적 결과, 그 결정의 중요성을 찾아라. 두려움과 한판 떠서 진정성 있는 삶이 현상의 유지보다 더 소중하다는 진실을 당차게 표명해라.

용기를 가지려면 어떻게 해야 할까? 최적의 결정을 따르는 데 힘이 되어줄 방법에는 여러 가지가 있다. '어떻게 해야 하지?'가 아니라 이렇게 물으면 된다. '내가 행동을 하지 못하게 막고 있는 건 뭘까?' 결정에 대한 저항이 일어날 때는 용기가 프레임워크의 다섯 번째 체크포인트다. 프레임워크를 한 번 더 거쳐 그 저항의 핵심을 찾자. 감정을 살펴보자. 어떤 감정이 드는가? 그런 저항이 느껴지는 이유가 뭘까? 상대의 가치관과 현실 요소를 따져보자. 내가 소신 있게 발언하면 어떻게 될 것 같아? 내 결정에 누가 가장 큰 영향을 받을까? 최악의 시나리오를 떠올려보자. 얼마나 심각한 결과가 따를까? 불합리한 결정일까? 그렇게 될 가능성이 높을까? 그 결과가 일어날 가능성에 얼마나 현실성이 있는지 짚어보자. 그 결과를 소리 내어 말하거나 종이에 적어보면 더 좋다. 그러면 더 객관성이 생겨 생각과 느낌 사이에 어느 정도 거리를 두게 된다.

이번엔 결정을 내리지 않기로 선택할 경우의 여파를 상상해보자. 당신이 어떤 사람을 수년 전부터 사랑했지만 마음을 털어놓을 용기를 못 내고 있다고 가정해보자. 계속 이런 식이라면 어떻게 될까? 그 사람은 당신의 마음을 끝내 모르게 된다. 다른 사람과 맺어져 멀리 떠나거나 죽을 때까지 당신의 마음을 전혀 모를 수 있다. 당신은 그 사람과 연인 사이가 되었을 수 있었을지도 알 수 없게 된 채 후회를 안고 살아갈 것이다. 잠깐 찬찬히 따져보자. 그 기분이 어떨까? 결과가 그렇게 된 것이 정말로 괜찮을까? 목표를 절대 이루지 못하게 되는 현실을 곰곰이 생각하면 행동하지 않을 것에 대해 균형 잡힌 시각을 갖는 데 도움이 된다.

당신의 저항은 매몰비용 효과sunk cost effect라는 현상 탓일 수도 있다. 사람들은 과거의 손실을 정당화하기 위해 건강한 변화에 저항한다. 당신이 자동차를 100달러에 샀다고 쳐보자. 이 정도면 놓치기엔 너무 좋은 거래 조건이다! 그런데 새로 산 차에 올라타 잠깐 몰았는데 차가 고장이 나버린다. 카센터에 갔더니 차 내부의 어딘가에 문제가 있단다. 수리 기사는 수리비가 250달러 나올 거라고 알려준다. 당신은 딜레마에 놓인다. 차를 고치지 않기로 정하면 100달러를 허비했다는 사실을 인정해야 하는 꼴이 된다. 차를 고치기로 하면 그 차에 든 돈이 총 350달러가 되는데, 그래도 여전히 저렴한 가격으로 차를 마련한 셈이 된다. 안 그런가? 결국 당신은 차를 고친 후 다시 도로로 끌고 나간다. 그런데 몇 킬로미터를 더 주행하다 차가 또 고장 난다. 수리 기사는 수리비를 500달러로 예상한다. 당신은 또다시 똑같은 딜레마에 놓인다. 이제 이 차는 불량품이라고 볼 만하다. 제 가치보다 더 돈을 잡아먹는 미덥지 못한 차다. 돈만이 아니라 시간, 에너지, 고통도 문제다. 사람들을 '수리'의 함정에 가두는 것은 손해를 벌충해 자기가 틀리지 않았다고 증명하길 바라는 희망이다. 당신도 이런 상황에 놓여 있진 않은가?

당신이 어떤 딜레마에 직면해 있든 매몰비용 효과와 싸워라. 행동을 못하게 막도록 내버려두지 마라. 과거의 비용뿐만 아니라 서툰 결정을 이어갈 경우에 발생할 미래의 유지비용도 생각해라. 잃어버린 시간과 자원을 만회하기 위해 안 좋은 상황을 질질 끌고 갈 가치가 없다. 행동을 취하지 않는다면 그것은 작가이자 기독교 호교론자(호교론은 종교의 비합리성·비과학성을 비판하는 사람들에 대하여, 종교는 초이성인 것이지 반이성은 아니라고 설명하는 주의를 말함-옮긴이) 래비 재커라이어스가 말하는 죄와 비슷하다. "죄는 당신이 가고 싶은 곳보다 더 멀리까지 데려가 그곳에 있고 싶은 시간보다 더 오래 붙잡아 놓아 치르고 싶은 것보다 더 많은 대가를 치르게 한다."[86] 똑같은 상황에 신경이 쓰이지 않는다면 그 상황이 그렇게 중요한 건 아닐지도 모른다. 괜찮다는 피드백이다! 하지만 당신의 에고가 정당화를 통해 당신이 똑같은 상황을 이어가게 납득시키는 것일 가능성도 있으니 스스로에게 가혹할 만큼 솔직해야 한다. 똑같은 상황이 이어지는 게 정말로 괜찮은가? 사람들에게 거짓말을 하면 나중에 사람들이 알 수도 있고 모를 수도 있다. 하지만 스스로에게 거짓말을 하면 아무도 당신을 그 거짓말로부터 구해줄 수 없다. 우유부단함은 죄가 없는 행동이라는 거짓말의 먹이가 되지 마라. 이것은 미래의 자아가 걸려 있는 문제다. 죄책감, 고통, 후회를 변화의 동기로 삼자. 나에게 실패란 자신을 단념하는 것이다. 결정을 내릴 의지가 있는 한 실패할 일은 없다.

격려의 의미에서 덧붙이자면, 다음과 같이 당신이 내린 최적의 결정이 당신에게 유리하게 작동하는 상상을 해봐라! 당신이 정말로 좋아하는 사람에게 데이트 신청을 했는데 상대가 승낙을 한다. 몇 년간 공들여온 프로젝트가 세계적으로 인정을 받는다. 선거에서 인기 있는 상대와 맞붙어 승리를 거둔다. 식수 공급을 위한 당신의 노력이 수많은 가족을 구한다. 사랑하는 사람이 절망에 빠져 있다가 당신과의 대화로 힘을 얻어 살아갈 이유를 확실히 찾게 된다. 이런 일들이 일어난다면 기분이 어떻겠는가? 이런 열망적 바람을 한마디로 요약하면, 바로 비전이다. 비전은 당신이 이루고 싶은 일에 대해 확실한 의욕을 세워준다.

올림픽 대표 선수들은 훈련의 일부로 운동을 시각화한다. 경기 과정을 묵상하며 자신이 승리하는 모습을 마음에 그린다. 뇌는 이 승리를 유효한 기억으로 기록해 이 기억을 자각할 방법을 무의식적으로 찾는다. 그런 긍정적 결과가 똑같이 일어날 수 있다는 가능성을 인정하자! 우리는 최악의 시나리오대로 될 가능성에 강하게 마음이 쏠려 최상의 시나리오에는 거의, 심지어는 아예 신경을 쓰지 않는다. 긍정적 결과와 부정적 결과 모두 가능한 일이다. 진정성 있는 선택으로 일어날 수 있는 최상의 결과는 뭘까? 일이 잘되면 그 기분이 어떨까? 정말 신나지 않을까? 마음이 더 평온해지지 않을까?

이제 당신의 행동을 당신 자신의 가치관에 붙들어 매라. 당신의 삶에서 진정으로 중요한 것이 뭔가? 어떤 사람이 되고 싶은가? 중대한 결정이든 사소한 결정이든, 모든 결정은 당신이 되고 싶은 이상을 더 충족시켜주기도 하고 망쳐버리기도 한다. 간디는 다음의 말로 결정의 영향에 대해 설파했다.

믿음은 생각이 되고,

생각은 말이 되고,

말은 행동이 되며,

행동은 습관이 되고,

습관은 가치관이 되고,

가치관은 운명이 된다.[87]

의미 있는 삶은 가치관에 따르는 삶이다. 풍요롭고 아름다운 삶을 살기 위해서는 어떻게 해야 할까? 자신의 가치관에 따라 살면 된다. 삶은 진정성이 없는 결정을 내리기엔 너무 소중하다. 자신의 가치관과 일치하는 행동을 선택할 때마다 최고의 자신으로 거듭나게 된다. 시작이 보잘것없다고 해서 경시하지 마라. 모든 위인들은 특히 역경의 시기에 내린 건전한 결정들이 쌓이고 쌓여 탄생된 것이니.

용기를 갖도록 스스로를 설득하자. 최적의 결정을 소리 내어 말하면 행동의 촉매가 될 수 있다. 때로는 선의의 사람들이 기를 꺾고 반대하는 말로 걱정의 목소리를 낸다. 그럴 땐 당신의 목소리에 다시 집중해라. 당신의 핵심 가치관을 중시하며 그 가치관을 의심에 맞설 무기로 삼아라. 자신의 삶에서 가장 중요한 가치관을 다시 상기해야 한다. 저항이 떨치기 힘들 만큼 버거울 때 되뇔 주문이나 모토나 짧은 말을 만들어두면 좋다. 행동 지향적인 문구가 가장 효과가 좋은 편이다! 예를 들어 파트너와 대판 싸우게 되었다고 가정해보자. 몇 주가 지난 후 긴장된 관계를 풀고 싶어진다. 하지만 파트너에게 전화를 걸어볼까 하는 생각을 할 때마다 괴로운 감정이 당신을 막는다. 이때는 이런 간단한 주문을 외울 만하다. "후회하지 말자. 당장 전화해." 이 말을 몇 번 반복한다. "후회하지 말자. 당장 전화해. 후회하지 말자. 당장 전화해."

아내와 나는 갓난쟁이 아들을 돌보던 시절에 둘 다 잠을 제대로 못 자서 신경이 곤두서 있었다. 그때 내가 자주 읊었던 주문은 '도움 되기'였다. 스스로 이렇게 묻곤 했다. '내가 아내와 아들에게 어떤 도움이 되어줄 수 있을까?' '도움 되기'라는 이 말을 혼자 되뇔 때마다 내 불만에 빠져들기보다 가족을 돌보는 일로 다시 초점을 옮기게 되었다. 이런 주문은 뇌가 지나친 생각에 빠지지 않도록 끼어들어 준다. 스스로에게 이런 식의 말을 걸면 머릿속의 쓸데없는 잡음을 차단하고 최적의 결정으로 생각을 다시 붙들어 맬 수 있다. 몇 가지 주문을 시험 삼아 읊으며 어떤 주문이 가장 마음에 와닿는지 살펴봐라. 단, 주문은 짧아야 한다는 점을 명심하길. 안 그러면 되뇌기 힘들다! 용기의 체크포인트는 선택지를 생각하는 단계가 아님도 명심하기 바란다. 프레임워크를 통해 완성된 그 결과물을 믿어라.

과거의 승리를 호출하자. 어떤 일을 잘해냈던 때에 관심을 집중해봐라. 양치질이나 아침 챙겨 먹기 등의 일과처럼 간단한 일이어도 괜찮다.

획기적 성취를 이루어낸 적이 있다면 그 순간을 묵상해라. 졸업, 역경의 극복, 상 받은 일, 의미 있는 일의 수행 등이 이런 성취의 사례에 들 수 있다. 이쯤에서 잠깐 멈추고 생각의 시간을 가져 보자. 그때의 느낌을 다시 떠올리며 당신에게 그 성취가 의미하는 바를 생각해봐라. 이런 성공의 내력은 한 번 더 행동에 나서도록 더 '자신감을 북돋워' 준다. 자신이 전에 잘 해냈던 과거를 도움 삼아 자신에게 정직한 사람이 되는 데 필요한 자질이 있음을 되새겨봐라. 전에도 할 수 있었다면 틀림없이 또 한 번 해낼 수 있다! 대체로 우리 안에 두려움이 자리 잡는 이유는 우리가 어떤 사람인지, 바로 이 순간에 우리가 얼마나 멀리까지 왔는지를 잊었기 때문이다. 실패를 과거의 승리로 균형 맞추길 잊지 말자. 용기는 딱 선택만큼의 거리에 있다.

과거의 성공이 하나도 떠오르지 않으면 이제는 옳은 결정을 내리면서 변화시키자! 운명을 바꿀 기회는 당신에게 달려 있다. 다시 말해 운명은 당신이 한 번에 하나씩 내리는 그 결정에 따라 좌우된다. 다음번 선택으로 미래의 궤적을 바꿀 수 있다. 당신의 집안에 사기나 마약 복용의 내력이 있다고 쳐보자. 그러면 당신이 다른 선택을 내려 그런 집안 대대의 저주를 깨뜨릴 수 있다. 다음 세대는 당신에게 의지하고 있다. 당신이 바라는 자신과 더 가까워지는 선택 하나하나가 곧 승리다! 프레임워크를 완벽하게 수행하지 않아도 된다. 궁극적으로 중요한 일은 자신의 가치관과 행동 계획이 확실할 때 그것을 끝까지 해내는 것이다. 분석심리학의 창시자 칼 융은 "당신이 무엇을 하겠다는 말이 아니라, 당신이 하는 행동이 바로 당신이다"[88]라고 믿었다.

　마지막으로 덧붙이자면, 용기는 혼자 힘으로만 얻어야 하는 게 아니다. 나는 지금까지 힘든 순간이면 부모님, 멘토, 친구들 같은 내 삶 속의 무수한 사람들에게 격려를 받으며 맞서 싸울 힘을 얻었다. 당신의 삶에서는 당신을 사랑하고 믿어주는 사람들이 누구인가? 스스로를 아무리 설득해도 용기가 나지 않을 때는 때때로 사랑하는 사람의 격려가 올바른 일을 하도록 자극이 되어줄 수 있다. 우리의 싸움 대다수는 혼자 싸워야만 하는 싸움이 아니다. 어려운 결정을 내리는 것은 당신의 몫이지만 용기를 다지는 일은 혼자 하지 않아도 된다. 신뢰하는 사람들에게 당신의 삶에 들어와 의사를 표명해달라고 부탁해라. 이 사람들과 프레임워크의 과정을 짚어보며 당신이 내린 결론에 대해 상의해도 된다. 당신이 잘되길 진심으로 바라는 사람들이 격려의 말, 긍정적인 생각, 기도로 당신이 자신의 가치관을 실행하도록 권해줄 수 있게 해줘라. 그 사람들이 당신의 결정을 더 명확히 해줄 만한 새로운 관점이나 추가 정보를 제시해줄 수도 있다. 많은 경우에 우리의 위대함은 최고의 우리 자신이 되도록 지지해주는 사람들에게 힘입은 결과다. 아이작 뉴턴도 말하지 않았던가. "내가 더 멀리 보아왔다면, 그것은 거인들의 어깨 위에 서 있었던 덕분이다"라고. 구할 수 있는 곳 어디에서든 용기를 끌어내 대담하게 앞으로 나아가라.

최적의 결정과 용기가 모두 갖추어졌다면 이제 행동을 할 때다. 이제는 더 생각해봐야 거의 가치 없거나, 아무 가치가 없을 것이다. 생각이 오히려 목표의 성취를 막게 되는 시점이 있다. 이미 프레임워크를 통해 최적의 결정을 찾았다면 계속해서 분석에 매달려봐야 장애물이 될 것이다. 지나친 생각은 행동에 나서지 않기 위한 적극적 변명이자, 잠재적 결과를 미루기 위한 허울일 뿐이다. 나도 헬스장에 가면 자주 이렇게 하게 된다. 미리 결정한 계획에 따라 그날 운동을 가면 운동을 시작하기 전이나 한창 운동 중일 때 내 뇌가 그만할 온갖 이유를 늘어놓기 시작한다. '헬스장에 왔다는 게 중요한 거야. 그 세트를 끝까지 다 할 필요는 없어', '그 운동은 그냥 건너뛰는 게 어때? 오늘은 할 만큼 했잖아.' 솔직히 말하면 나는 가끔씩 이 말을 듣는다. 그렇지 않을 땐 내 목표를 되새기며 도움이 안 되는 그 뇌의 꼬드김을 밀쳐내고 '그냥 하자'고 마음먹는다. 계획을 충실히 지키며, 분석은 그만하고 행동에 집중하자. 이때는 '뇌를 꺼버리는' 편이 끝까지 해내는 데 가장 유리한 몇 안 되는 순간 중 하나다. 지금은 의사결정 단계가 아니라 행동 단계다. 재평가의 함정에 굴복하면 안 된다. 프레임워크 과정을 거치며 최상의 행동 조치를 찾았다고 믿자. 이제는 행동에 착수할 때다.

결론

용기는 거북함을 무릅쓰고 최적의 결정을 수행하는 것이다. 남아프리카공화국의 전 대통령이자 반 아파르트헤이트(인종차별정책) 운동을 이끈 혁명가 넬슨 만델라는 "용기는 두려움이 없는 게 아니라 두려움을 이겨내는 것이다. 용감한 사람은 두려움을 느끼지 않는 자가 아니라 그 두려움을 정복하는 자"라고 말했다.[89] 불안감으로 얼어붙을 때는 자신의 가치관을, 그리고 최적의 결정이 그토록 중요한 이유를 떠올려라. 과거의 성공을 찾아내 미래의 행동을 격려해줘라. 사람에 따라서는 처음으로 대담하게 자신의 위대함으로 발을 들여놓기도 권한다. 신뢰하는 사람들이 당신이 내린 최적의 결정을 완수하기 위해 필요한 용기를 불어넣을, 확고한 진실을 말해주게 해라. 이 점을 존 메이어가 자신의 노래 〈Say〉에 잘 담아냈다.

굴복하길 두려워 마세요
단념하길 두려워 마세요
이걸 알아두세요. 결국에는
해야 할 말을 하지 않는 것보다는
너무 많이 말하는 편이 더 낫다는 걸요[90]

이제는 최적이 아닌 결과에도 대비해볼 차례다. 프레임워크를 끝까지 해내고, 최상의 선택을 찾고, 그 결정을 행동으로 옮기는 일은 아주 대단한 일이다. 안타깝게도 이런 대단한 일을 해냈다고 해서 반드시 잘되리라는 보장은 없다. 당신의 결정이 계획대로 잘되지 않으면 어떻게 될까? 당신이 내린 최적의 선택이 아주 좋은 선택이 아니었을 땐 어쩌면 좋을까? 최선의 노력에도 불구하고 서툰 결정을 내리면 어떻게 해야 할까? 그 답을 찾아, 다음 장에서는 회복할 방법을 살펴보도록 하자.

11장

안 좋은 결정을 내릴 때의 대처법

너무 늦은 때는 없다. 윌리엄은 1984년에 헝가리의 로마라는 가난한 마을에서 태어났다. 싱글맘이던 어머니는 그를 키울 수가 없어서 형제들과 함께 조부모의 손에 맡겼다. 조부모님은 그를 가혹하게 대하며 학대했다. 열네 살이 되었을 무렵 윌리엄은 학교를 중퇴하고 집에서 도망 나왔다. 그 뒤로 어쩌다 범죄의 삶으로 말려들었다. 처음엔 좀도둑질에 손을 댔다가 어찌어찌하다 마약 운반책이 되었고 밑바닥부터 서열을 밟고 올라가 조폭 두목이 되어 자신의 구역에서 나이트클럽을 소유하기에 이르렀다. 그의 세력이 절정에 달했을 때는 동유럽의 집시들 사이에서 마약 밀매와 인신매매 활동을 꽉 잡고 있을 정도였다. 하지만 그는 자신의 도시에서 두려움의 대상이 되었는데도 자꾸 화나고 공허하고 외로웠다.

윌리엄이 스물여덟 살이었을 때 큰아들이 물었다. "왜 맨날 그렇게 슬퍼

하면서 술을 드세요?" 그 순간 그의 내면에서 감정이 복받치며 흐느낌이 터졌다. 그렇게 울면서 잠이 들었다가 깨어 보니 침대 옆에 흰색 옷을 입은 남자가 있었다. 그는 너무 놀라 물었다. "당신 누구야? 지금 내 방에서 뭐 하는 거야?" 남자는 길 아래쪽의 교회에 가서 알아보라고 답했다. 그날은 마침 일요일 아침이었고 윌리엄은 침대 옆에 앉아 있던 남자가 예수님이라는 것을 깨달았다. 이 만남 이후 윌리엄의 삶은 180도로 바뀌는 반전을 맞았다. 마약, 섹스, 술로 점철되어 있던 이전의 삶을 버리면서 자신의 신앙심을 더 깊이 깨달을 수 있었다. 현재는 100명의 신도를 거느린 교회의 목사로 열정을 펼치며 좋은 말씀을 전하고 병자들을 치유하고 죽은 사람을 되살리는 활동을 하고 있다. 내가 어떻게 아냐고? 2017년에 헝가리의 페치에서 윌리엄과 아침을 함께 먹은 적이 있다. 윌리엄이 하느님과 조우한 일을 어떤 관점으로 보든 간에, 나에게 그의 이야기는 삶이 반전될 수 있음을 보여주는 증거다. 이처럼 삶의 반전이 어떤 사람에게는 한순간에 일어날 수도 있다! 여기에서 정말로 중요한 대목은 올바른 일을 하자는 한 번의 선택을 시작하는 일이다. 이 점을 절묘히 담아낸 록키 발보아의 대사처럼 "중요한 건 얼마나 세게 때릴 수 있느냐가 아니라, 얼마나 세게 맞든 포기하지 않고 밀고 나가는 것"[91]이다.

당신의 영웅은 누구인가? 에이브러햄 링컨 같은 역사적 인물일 수도 있고 원더우먼이나 <반지의 제왕>에 나오는 간달프 같은 가공의 인물일 수도 있다. 아니면 구조나 도우미 역할을 해주는 동물이 될 수도 있다. 영웅의 공통점은 감당하기 버거운 난관에 직면해 이겨내는 힘이다. 영화의 주인공이 아무런 문제가 없거나 난관을 쉽게 해결한다고 상상해봐라. 이야기가 따분해서 초반부에 영화를 그만 볼 것이다! 사실, 영웅은 어려움을 극복해 다른 누군가를 도와주지 않았다면 애초에 영웅이 되지도 않았을 것이다. '착한' 사람은 되었을 수 있어도 틀림없이 영웅은 되진 않았을 것이다.

　의식하든 의식하지 않든, 우리는 우리 자신의 이야기 속 주인공(영웅)이다. <슈퍼맨>의 원조 주연배우 크리스토퍼 리브는 "영웅은 약점이나 의심이 있어도, 항상 답을 알지 못해도 어쨌든 앞으로 나아가 극복해내는 사람"[92]이라고 말했다. 삶도 다르지 않다. 우리는 삶의 여정에서 갖가지 난관을 겪으며 그 난관을 이겨내기 위해 최선을 다한다. 우리는 완벽하지 않지만, 완벽하지 않기는 우리의 영웅들도 마찬가지다. 말이 나와서 말이지만, 우리에게 가장 깊은 공감을 일으키는 영웅은 배트맨, 한 솔로, 셜록 홈스처럼 뻔히 보이는 약점을 가진 인물들이다. 이 인물들은 전형적인 영웅처럼 행동하지 않고 사람들에게 자주 오해를 받지만 내면이 선한 주인공이다. 자신들의 난문제(가령 죄가 되는 경우 등) 때문에 전통적 방법으로 문제를 해결할 수 없지만 자신의 가치관이 옳은 일을 하도록 가리키는 방향으로 끌리게 된다.

　가상 이야기 속의 영웅들처럼 우리도 실수를 저지르기 마련이다. 우리는 애초부터 모든 것을 올바르게 하지 못하는 존재다. 그런데 사실, 실패는 올바르게 행동하게 되는 과정에서 큰 역할을 한다! 실수를 저지르면서 어떻게 하면 안 된다는 것을 깨닫고 다음번에는 다른 식으로 행동할 때가 많다. 프레임워크를 지침으로 삼으면 더 좋은 결정을 내리는 데 도움이 되겠지만 프레임워크도 실수 없는 의사결정을 보장해주지는 못한다. 그건 이 프레임워크 외의 그 어떤 프레임워크도 못 해준다. 프레임워크는 결정을 내리는 데 중요한 주된 요소를 가려내 바람직한 결과를 이끌 가능성을 높여주는 도구일 뿐이다. 안타까운 얘기지만 가장 완벽한 계획마저 엉망으로 망쳐놓을 수 있는 변수가 하나 있다. 맞다, 바로 인간적인 면이다. 실수를 범하는 것이 인간이라는 사실이 그 변수다. 우리의 선택에는 여전히 단점이 있기 마련이다. 지금부터 '최적의' 결정이라도 빈약한 결과로 끝날 가능성이 여전히 남아 있는 이유 몇 가지를 살펴보자.

1. 결정적 정보의 누락. 우리는 결정의 시점에 알고 있는 사실만으로 최상의 결정을 내릴 수 있다. 그러다 결정을 내린 후에 상황이 완전히 바뀔 만한 새로운 정보를 알게 되기도 한다. 예전에 우울증과 불안으로 치료를 받고 싶어 하는 환자를 상담한 적이 있었다. 상담이 1년째로 접어들도록 그녀의 증상에는 별 진전이 없었다. 그러던 어느 날 이 내담자가 아버지에게 성적 학대를 당했고 지금까지도 같이 살고 있다고 털어놓았다. 이 정보에 따라 내 상담 방식은 크게 바뀌었다. 그녀가 겪는 증상의 근원이 트라우마이고 날마다 그 트라우마에 자극받고 있다는 사실을 알았기 때문이다. 이런 일이 가끔 있다. 경우에 따라 결정적 정보가 감춰져 있을 때가 있다. 결정을 내린 후에 다른 정보가 드러날 때가 있다. 결정을 내리기 전에 어떤 상황에 대해 알아야 할 모든 정보를 다 알 수는 없는 노릇이다.

결정을 내리기 위해 관련 정보를 전부 알아야 한다면 어떤 결정도 내리지 못할 것이다. 자기연민을 갖고 스스로를 인정해줘야 한다. 자신이 그 순간에 얻을 수 있는 정보로 최선을 다했고, 이렇게 바람직하지 못한 결과가 일어나는 것까지는 막을 수 없었다고.

2. 부정확한 정보. 프레임워크를 통해 부정확한 정보를 모으게 될 염려도 있다. 사람들은 때때로 선한 의도를 가지고도 잘못된 정보를 주게 된다. 이렇게 잘못된 정보를 받으면 현실과 일치하지 않는 결정을 내리게 된다. 사람들이 당신이 잘되는 걸 방해하려고 일부러 안 좋은 정보를 줄 경우도 있다. 예전에 누이가 자신의 대학 동급생들은 경쟁심이 유난히 치열하지만 '다들 겉으로 보기엔 아주 착해 보인다'며 해주었던 얘기가 생각난다. 한 특정 과학 수업에서 성적을 상대평가 방식으로 매겼다는데, 다른 학생들에게 '도와' 주겠다며 그 학생의 상대평가 점수를 낮출 셈으로 틀린 답을 알려주는 학생들이 있었다고 했다. 이것이 부지런히 팩트체크를 해야 마땅한 이유다!

3. 서툰 예측. 의도는 더없이 좋지만 잘못된 추정과 추측을 할 때가 있다. 어떤 회사가 모든 데이터상으로는 좋은 수익을 낼 것으로 예상되었지만 세계적인 팬데믹 발발로 현실이 바뀌었던 경우가 그런 사례에 든다. 주식 분석가들 상당수가 어떤 회사의 파산을 예측했다가 그 반대의 상황이 벌어지면서 그 회사의 주식이 비관적 통계와 상관없이 계속 잘나가는 경우

11장 안 좋은 결정을 내릴 때의 대처법

도 있다. 십대 딸이 고양이를 너무 좋아해서 고양이 캐릭터가 들어간 물건을 좋아할 거라고 짐작하고는 생일 선물로 '멋진' 고양이 백팩을 사줬다가 딸이 진짜 고양이를 좋아한다고 해서 고양이 캐릭터의 물건까지 좋아하는 건 아니라는 사실을 알게 될 수도 있다. 이는 정보를 잘못 해석해서 부정확한 결론에 이른 사례다. 나름대로 면밀히 따져보고 내린 예측인데도 틀렸던 것이다. 이렇게 실망스러운 결과가 일어난 이유는 예측이 실제 상황과 일치하지 않았기 때문이다.

4. 자신을 속이기. 자기기만은 다른 무엇보다도 알아내기가 힘들다. 자신이 잘 모르고 있다는 걸 모르기 때문이다. 진실이 아닌 것을 스스로에게 납득시키면 아무도 도와줄 사람이 없다. 프레임워크는 당신 자신의 가치관이 진실이 아닐 때는 도움이 되지 않는다. 목적지를 잘못 설정해 놓은 후 어떤 식으로든 올바른 곳에 도착하길 기대하는 격이 된다. 자신의 가치관에 따른 북극성이 우리의 가장 중요한 길잡이다! 남들이나 사회가 대신 가치관을 정하게 해서는 안 된다. 어떤 것이 중요하거나 중요하지 않다고 스스로에게 거짓말을 할 수도 있지만 그럴 땐 감정이, 심지어 몸의 감각까지도 차차 불만을 드러내게 되어 있다. 부정적 결과는 자신에게 진정으로 중요한 가치관을 의식하지 못하는 것과 연관되어 있을 수도 있다. 이렇게 무의식적으로 정신이 막히면 적절한 일을 하기 위해 최선을 다하지 못하게 될 수 있다. 자기기만을 막기 위한 유일한 방법은 자신에게 솔직해지는 일이다. 사람에 따라 자신의 목소리를 인정하는 데 더 많

은 의식과 시간이 필요할 수 있다. 그렇더라도 꿋꿋이 솔직함을 믿고 따라가라.

죄책감과 수치심 다루기

죄책감과 수치심은 서툰 결정을 내린 후에 흔히 보이는 반응이다. 죄책감은 어떤 잘못을 했을 때 느끼는 심한 후회다. 자신이나 남들에게 상처를 주거나 실망을 안긴 것에 대한 불편한 마음이다. 죄책감을 느끼는 것이 꼭 나쁘기만 한 건 아니다! 죄책감은 의도치 않은 결과가 일어났으니 당신이 그 점에 대해 책임을 지라고 알려주는 것이다. 사람들에게 책임을 진다는 것은 정말 힘들 수 있다. 상황을 바로잡아야 하는 대가가 따르기 때문이다. 즉, 책임을 지려면 잘못을 인정하면서 에고에 상처를 입어야 한다. 또한 더 비난받거나 거부당하기 쉬운 취약한 상태에 놓인다. 이런 일을 감수하면서까지 뭐하러 책임을 져야 할까? 이런 책임이 다음번에 최적의 결정을 내리도록 발판이 되어주기 때문이다. 소시오패스와 사이코패스는 본질적으로 공감이나 양심의 가책을 느끼지 못한다. 이런 사람들은 자신의 목표를 충족시키는 일에만 관심이 있을 뿐 그 과정에서 누가 상처를 입든 말든 상관하지 않는다. 이런 죄책감 결핍은 문제가 있는 것이다! 당신 자신에게 죄책감을 느끼게 해주고 그 죄책감을 가능한 한 상황을 바로잡을 에너지로 삼아라.

반면에 수치심은 해롭고 무익하다. 죄책감이 잘못한 것에 대해 안 좋게 느끼는 감정이라면 수치심은 자신이 잘못하는 사람인 것에 대해 처참함을 느끼는 감정이다. 스스로를 혐오하며 그런 형편없는 면을 감추고 싶어 한다. 수치심은 개인화된 죄책감이다. 대체로 부정적 피드백이 시간이 지나면서 쌓이고 쌓여 '내가 문제'라는 결론에 이르게 되는 것이다. 자신이 문제라는 생각이 중심에 자리잡혀 수치심에 갇히면 최적의 결정을 내리기가 점점 힘들어진다. 이렇게 수치심의 화신이 된 사람은 무의식적으로 서툰 결정을 내리는 경향이 있다. 서툰 결정이 그런 자신에게 부합한다고 느끼기 때문이다. 의식적인 정신은 좋은 결정을 내리길 진심으로 원하는데도 형편없는 사람이 형편없는 결정을 내리기 마련 아니겠냐고 암묵적으로 당연시하게 된다. 이것이 수치심의 미묘한 위험성이다. 수치심에 사로잡힌 사람이 좋은 결정을 내리는 데 쩔쩔매는 것은 더러운 행주로 탁자를 닦으려 애쓰는 것과 같다.

베트남 현지 식당에서 밥을 먹다가 직원이 '탁자를 닦는' 모습을 봤던 기억이 난다. 그 직원이 더러운 행주로 탁자를 쓱쓱 문지를수록 탁자 표면의 얼룩이 더 퍼졌다. 능숙한 사람도 형편없는 결정을 내린다는 사실을 알아야 한다. 수치심으로 자신을 한정 지으면 안 된다. 수치심은 최고의 자신이 되는 데 아무 역할도 못 한다. 우리는 누구나 더 많은 온정과 재도전이 필요하다. 과거의 서툰 선택이 당신의 정체성을 한정 짓게 내버려두지 않는 선택을 해라.

우리의 죄책감과 수치심은 종종 자기개선이라는 좋은 의도에서 발동된다. 무의식적으로 이렇게 생각하는 것이다. '아주 쓰라린 느낌을 받게 해야 다시는 그런 실수를 하지 않을 거야.' 실수를 했으면 혼나고 책임을 져야 한다는 내재적 정의감의 작용이기도 하다. 대다수 사람들은 자기비판을 하게 되면 참담한 기분을 느끼지만 그렇다고 해서 다음번에 어려운 일이 일어날 때 반드시 달라진다는 보장은 없다. 사람들은 대체로 감정을 그다지 잘 기억하지 못하는 편이라 형편없는 선택이 유혹의 손짓을 보내면 뇌는 지난번에 그런 실수를 했을 때 기분이 얼마나 처참했는지를 생각하지 않는다. 사실, 우리는 형편없는 선택의 '이득'을 기억해 그 선택의 결과는 흘려넘길 가능성이 더 높다. 이러면 스스로를 벌하는 것에 의미가 있을까? 거의 없거나 아예 없다. 두려움에 따른 죄책감과 수치심은 일시적으론 유용할지 몰라도 장기적 행복에는 이롭지 못하다. 우리의 정신은 무의식적으로 부정적 경험들을 하나둘 모으다 자신이 공통분모라고 결론짓는다(자신의 결정들 하나하나마다 자신이 관여해 있으니 언제나 맞는 결론이겠지만). 수치심이 스멀스멀 밀려오면 자신이 문제가 있는 사람인 게 틀림없다는 그릇된 결론을 내린다. 수치심이 점점 자리를 잡고 들어앉게 되면 자신이 엉망으로 망가진 사람이라 뭘 해도 망쳐놓을 거라는 생각이 굳어진다. 절망과 무관심이 싹트면서 다시 시도해볼 용기가 더는 나지 않는다. 이래서야 최적의 결정을 내리는 데 무슨 도움이 되겠는가? 도움이 안 된다. 죄책감과 자기비판은 대개 결정이 자신의 정체성과 가치관에서 흘러나오게 해주는 게 아니라 프레임워크를 포기하고 안이한 생각과 행동으로 되돌아가게 한다.

11장 안 좋은 결정을 내릴 때의 대처법

자기연민을 실천하고, 불완전함을 인정하자. 통제광이나 완벽주의자에게는 힘든 일이겠지만! 부정적인 순환고리에서 벗어나기 위해서는 실수는 일어나게 마련이라는 사실과 함께 다음에는 더 잘할 수 있다는 점도 받아들여야 한다. 사실, 실수가 일어나선 안 될 이유라도 있는가? 실수를 당연하게 여기자. 우리의 인간성을 인정하자. 사람은 실수를 한다……. 그것도 늘. 자신의 결정 이면에 있는 의도를 헤아리는 시간을 갖자. 좋은 의도를 가지고 했는데 결과가 형편없이 나올 때는 고통이 더 심한 것이 보통이다. 그런데 잘되는 경우도 늘 최고의 의도를 가지고 하는 것은 아니다. 이런 현실도 인정해야 한다! 자기연민 차원에서 자신을 다정하고 친절하게 대하자. 내면의 대화를 점검하자. 자기비판은 잠깐 옆으로 치워놓고 나중에 다뤄도 된다. 그것이 뭐든 일어나는 감정에 주목해라. 스스로에게 그 감정을 느낄 수 있게 해줘라. 스스로에게 온정을 갖고 얘기해라. 당신의 그 특별한 상황에서 결과가 이렇게 나타났을 만한 이유가 이해되는가? 일이 일어난 순서를 따라가며 스스로에게 그런 결과의 이유를 설명할 수 있게 해줘라. 이때는 관찰자 입장을 취해 일어난 일을 서술한다. 그 상황을 전체적으로 이해하며 그 '최악의 상황perfect storm'이 일어나게 한 모든 요소를 포괄해본다. 현실 요소를 쭉 짚어나가면 된다. 예를 들어, 이런 식이다. '딸의 축구시합을 (이번에도 또) 못 보고 놓친 이유는 내가 교통체증을 잘못 계산한 데다 회사에서 더 일찍 나오지 않고 프로젝트를 마무리하려고 한 탓이야.' 이렇게 상황을 '내가'라는 1인칭 시점에 맞춰 서술하면 그 상황에서의 당신의 역할에 대해 주인의식을 갖게 된다. 맞다,

세상사에는 교통체증과 업무 같은 현실적 삶의 난관들이 존재한다. 이 말은 구실을 만들거나 책임을 전가하려는 것이 아니다! 그냥 일어난 일을 인정하라는 얘기다. 현실 요소가 당신의 책임을 없애주는 건 아니다. 자신의 역할에 주인의식을 갖고 현실 요소를 고려하면 그런 결과가 일어난 게 정상적으로 여겨질 수 있다. 자신의 역할에 주인의식을 가지면 계속 힘을 쥐고 있게 된다. 당신은 당신의 결정의 희생자가 아니다. 당신이 무력하다는 거짓말에 속아 넘어가면 안 된다. 그런 믿음이 깊이 박히면 자기태만적 행동으로 이어져 최적의 결정을 내리지 못하게 된다. 결정을 내리는 주체는 바로 당신이다. 결정자가 된다는 것은 새로운 결정을 내릴 힘을 갖는다는 것이다.

좋은 의도를 존중하자. 사실, 당신은 딸의 축구시합을 제시간에 지켜봐주려고 했었다. 의도는 그랬다. 그 의도를 이루었는가? 아니다. 그래도 괜찮을까? 아니다. 다음엔 더 잘할 수 있을까? 물론이다. 시간을 갖고 악의가 없었다는 것을 의식해봐라. 시합을 안 봐서 악의적으로 딸의 마음에 상처를 주려고 했던 것은 아니지 않은가. 그 의도는 지지와 사랑을 전하는 것이었다. 의도는 당신의 가치관에 따른 바람이다. 그 상황을 다시 재검토할 때는 상충하는 또 다른 할 일들을 구별해내 필요한 사항을 조정해라. 그러면 다음엔 더 빠르게 알람을 맞춰놓거나 할 일을 집에 가져가서 하거나 업무 등의 이런저런 일을 다른 사람에게 위임하고 딸의 시합에 참석할 수 있게 된다. 달리해볼 방법이 없는 것 같다고? 그럼 다시 생각해봐라. 그동안 해결책이 그냥 주어졌던 탓에 그렇게 느끼는 것일 수 있다. 방법을 만들거나 기대치를 조정해라. 사람들이 실수를 하는 이유는 우선순위를 잘못 두기 때문이다. 스스로에게 온정을 보이며 그런 친절을 발판 삼아 더 발전할 줄 알아야 한다.

좋지 않았던 결정에서 제대로 회복할 방법은 뭘까? 재다짐하는 것이다. 다음엔 더 잘하기로 선택하면 된다. 더 잘할 계획을 세워라. 나는 신뢰할 수 있고 믿음직한 사람이 되는 것을 중심 가치관으로 삼고 있다. 그래서 시간 지키기든, 프로젝트 완수든, 쓰레기 버리고 오기든 간에 내가 하기로 한 일들을 끝까지 해내려고 최선을 다한다. 그래도 가끔씩 깜빡한다. 다른 할 일 때문에 미룰 때도 있다. 예전에는 그럴 때면 죄책감에 사로잡혀 나 자신을 무참히 비난하기 일쑤였다. 어느 순간부터는 나 자신의 정직성에 의문이 들며 약속을 하는 것 자체를 조심하게 되었다. 약속을 지키지 않아 안 좋은 인상을 줄 수 있다면 그런 약속을 왜 해? 내 정직성을 지키기 위해 몸을 사리며 약속을 잘 하지 않으려 했다. 어느 날 절친인 대니가 내가 약속을 꺼리는 걸 눈치채고는 물었다. "왜 그러는 거야?" 나는 이렇게 대답했다. "지킬 수 없는 약속은 하고 싶지 않아. 그래서 아예 약속을 안 하고 내 기대치를 낮춰놓은 거야! 그러면 그 누구도 실망시킬 일이 없잖아." 그 말에 대니가 물었다. "지킬 생각을 하고 약속을 하면 되잖아? 약속을 어기면 사과하고 약속을 다시 조정하면 되고." 말하자면 다시 하는 것이 열쇠다. 하겠다는 다짐을 분명히 밝히면 방향과 추진력이 생긴다. 그 다짐을 미처 지키지 못하면 왜 그렇게 되었는지 이유를 알아내 그에 맞춰 조정하면 된다. 이렇게 얻은 새로운 정보는 그 다짐을 더 현실성 있게 수정하는 데 유용하다.

재다짐은 관계에서 의리를 증명해보여 신뢰를 키워준다. 의논을 하게 해준다. 사람들과의 협력을 유지하게 해준다. 재다짐은 기쁠 때나 슬플 때나 삶을 함께하기로 선택하는 것이다. 다짐을 완벽히 이행하길 기대할 수는 없다. 예기치 못한 일들이 일어나게 되어 있다. 하지만 주인의식과 재다짐을 통해 덜 타격적인 결과로 상황을 해결할 수 있는 경우도 많다. 어떻게? 의도를 높이고 프레임워크로 되돌아가 다시 다짐하면 된다. 자신을 갖고 다짐을 새롭게 다져 그 다짐을 지켜라. 삶이 허락하는 만큼 재도전을 하고 또 하면 된다. 일이 잘 풀리지 않아도 새로운 다짐을 그만두지 않을 줄 알아야 한다.

얼마 전에 새로운 내담자와의 오전 열 시 상담에 맞추기 위해 차를 몰고 사무실로 가고 있었다. 집에서 일찍 나온 길이라 출근해 사무실을 정리하고 내담자를 맞을 준비를 하기에 시간이 충분할 거라고 생각했다. 내 예상은 빗나갔다. 트레일러차 한 대가 바퀴에 문제가 생기면서 고속도로 옆길을 들이받으며 차로를 세 개나 막는 바람에 차가 막히고 있었다. 그런 상황에 슬슬 걱정이 되고 속이 탔다. 머릿속에서 생각이 꼬리를 물었다. '어쨌든 늦게 될 거라면 일찍 일어난 게 뭔 소용이람? 내담자에게 아주 안 좋은 인상을 주게 생겼군. 내 잘못도 아닌데 말이야. 이놈의 도로는 대체 언제 뚫리는 거야?' 그러던 어느 순간, 아무래도 늦게 도착하는 일을 피할 수 없겠다는 생각이 들었다. 나는 심호흡을 한 번 한 후 내담자에게 전화를 걸어 그 상황을 알려주었다. 늦을 것 같은 현실을 전하며 미안하다고 했다. 내 GPS를 바탕으로 시간을 재조정해 10분 늦게 보자고도 부탁했다. 내담자가 관대하게 제안을 받아주면서 약속이 새롭게 잡혔다.

재다짐에는 진정성 있는 사과가 필요하다. 당신이 내린 최적의 결정 이면에 좋은 의도가 있었다고 생각되면 그 좋은 의도에 대해서는 사과할 필요가 없다! 정말 그럴 의도가 없었던 일에 대해서는 사과하지 마라. 그런 사과는 진정성이 없는 사과다. 그보다는 당신의 결정으로 상대를 곤란하게 한 점을 사과해라. 다시 말해 당신의 좋은 의도에도 불구하고 일이 그렇게 된 것에 대해 사과하라는 얘기다. 당신 자신도 실망스럽고 낭패감을 느낀다고 솔직히 시인해라. 상대가 당신이나 의도치 않은 결과에 실망을 느끼게 되어 안타까워하는 마음을 표현하는 것도 좋다. 기대를 어기게 되어 미안하다고 사과하면 그 사람에게 마음을 쓰는 당신의 배려가 전해져 그 관계를 회복하는 데 도움이 된다. 덕분에 그 뒤탈을 잠재울 수도 있다. 사과는 겸손한 자세이며 따라서 좋은 의도에도 불구하고 바라지 않은 결과에 관여하게 된 것을 인정한다는 의미다.

또한 어떤 경우든 그 상황을 재평가하는 시간을 갖길 권한다. 왜 그런 나쁜 결과가 벌어졌을까? 스스로에게 이렇게 물어봐라. '내가 고려하지 않았거나 몰랐던 점이 있었을까?', '어떤 문제가 올바른 결정을 내리는 데 걸림돌이 되었을까?' 모든 실수에는 주워 담을 지혜가 있다. 이번 실수에서 얻을 지혜는 뭘까? 지혜는 올바른 행동을 하기 위한 지식이자 능력이다.

IBM의 전 CEO, 토머스 J. 왓슨은 지혜를 "우리의 시간과 지식을 적절히 활용하는 힘"이라고 정의 내렸다.[93] 같은 실수를 자꾸 반복하더라도 그 실수에는 포착되어야 할 계시가 있다. 숨겨진 두려움이나 다른 할 일이 있다는 계시일 수 있다. 실수는 스스로에 대해 더 많이 알 기회이다. 안 좋은 결정으로 이끈 요소들을 찾아내면 그 정보를 활용해 다음번 다짐을 수정할 수 있다. 그 정보를 바탕으로 알고 보니, 서툰 반응을 보이게 자극하는 특정 사람들이나 환경을 피해야 할 수도 있다. 그 일을 하는 것이 당신이 진짜로 원하는 것이 아닐 수도 있다. 새로운 정보를 프레임워크의 고려 사항에 넣으면 다음엔 최적의 결정을 내리도록 업데이트된 사고방식으로 새롭게 거듭나게 된다.

배운 지혜를 적용해 실수를 설욕하자. 앞으로 더 좋은 결정을 내리기 위해 배운 지혜를 활용하면 그 실수가 다르게 느껴진다. 여러 개인적 경험을 통해 우리는 하지 말아야 할 일과 해야 할 일이 뭔지 배울 수 있다. 멕시코에 갔다가 타임쉐어timeshare(공동 소유자들이 돌아가면서 일정 기간씩 건물을 이용하는 체계의, 휴가 시설의 공동 임차-옮긴이)를 구입했던 기억이 난다. 초현실적으로 느껴지는 경험이었고 집에 돌아올 때까지 '올바른' 결정이라고 생각했다. 반면 값비싼 대가를 치르고 얻은 교훈 때문에 나는 세일즈맨을 대할 때는 훨씬 더 신중을 기한다. 새 차를 살 때도 느긋함을 보이면서 상의할 시간이 필요하다며 아내와 함께 그 판매점을 나왔다가 몇 시간 후에 차를 구입해 더 좋은 조건으로 거래했다.

지혜는 다른 사람들의 실수를 통해 배울 수도 있다. 나라면 남들에게서 훨씬 더 많은 지혜를 배우겠다! 직접 그 모든 실수를 해볼 만큼 우리에겐 그렇게 인생이 길지 않잖은가. 겸손한 자세로 현명한 조언에 귀를 기울이는 것이 혹독한 경험으로 '쓰라린 맛을 본' 뒤에 겸손해지는 것보다 낫다. 지금 자신의 어리석음을 인정하는 것이 나중에 실수를 저질렀다가 고통을 겪는 것보다 낫다! 책, 영화, 오디오 기록 등을 통해 개인적으로 모르지만 존경하고 있는 사람들에게도 지혜를 얻을 수 있다. 개인적 경험에 더해 다른 사람들을 통해 배운 지혜를 합쳐 당신의 지혜를 탄탄히 굳혀라.

용감하게 새로운 다짐을 해라. 프레임워크를 다시 시작해봐라. 자신의 가치관에 따른 의도를 분명히 세워 다르게 해봐라. 여기에서의 키워드는 '다르게!'다. 지난번의 결정이 잘 통하지 않았는데 왜 또 똑같이 하려고 하는가? 그건 바보 같은 짓이다! 이번에도 똑같이 상황이 틀어지는 걸 보고 싶지 않다면 뭔가 변화가 있어야 한다. 신중하게 수정을 하고 배운 지혜를 토대로 어떻게 달라질지 다짐해라. 회의 참석을 위해 15분 더 일찍 나오는 일이든, 최종 결정을 내리기 전에 팀원들과 검토하는 시간을 가져 팀원들과의 의사소통을 개선하는 일이든 변화를 시도하자. 용기를 내 새로운 시도를 하면 그 상황이 당신에게 유리하게 기울며 당신의 운명이 바뀔 수도 있다.

결론

영웅은 만회의 능력이 있다는 사실을 잊지 말라. 당신에게도 아직 가능성은 있다. 결론은 언제나 내려지게 되어 있다. 자신의 가치관에 따라 새로운 결정을 내리기로 선택할지 말지는 언제나 당신에게 달려 있다. 실수를 통해 배우고 다음엔 더 잘하는 것, 그것이 바로 만회다. 만회를 통해 자신의 잘못을 바로잡을 수 있다. 배운 것들을 적용해 바람직한 결과가 일어날 때, 당신은 무의식적으로 과거의 실수를 변모시킬 수 있다. 그 실수를 연상시키는 의미가 '바보 같은 짓'에서 '이번 승리를 이루게 해준 지혜를 얻은 일'로 바뀐다. 과거의 실수가 깊이 있는 차원에서 근본적으로 바뀌어, 무의미한 고통에서 만회로 서사가 전환된다. 과거의 경험을 어떻게 바꾸냐고? 지금 현재에서 과거의 그 경험을 바로잡을 감정 경험을 만들어 미래의 자신을 다시 쓰면 된다. 새로운 결정을 내려 부정적 연상을 좋은 연상으로 바꾸면 된다. 뇌는 과거의 실수에 대해, 그 실수를 지렛대 삼아 승리로 나아가기 위해 필요한 발전과정으로 해석한다. 지속적으로 변화를 이어가면 시간이 지나면서 최적의 결정을 내릴 수 있다는 자신감이 높아진다.

맺음말

더 자주, 더 꾸준히 좋은 결정을 내리는 것이 목표

"이제야 제가 저 같아요!" 메리를 다시 만나보자. "이혼은 정말 괴로운 일이었고 터널 끝의 빛이 보이지 않았어요. 미래가 너무 두려웠어요. 아이들 걱정도 되고 이혼 후의 삶은 어떨지 불안하더라고요. 예전엔 제가 저 자신을 내세우길 그만두면서 저 자신을 얼마나 많이 잃었는지 미처 몰랐는데 결별과 이혼을 겪으며 그제야 그런 현실을 서서히 깨달았어요. 저 자신과 다시 친숙해지기까지 시간이 좀 걸렸지만 가족과 교회 사람들의 지지가 힘이 되었어요. 상담을 받으면서 꾸준히 과거의 고통을 이겨냈고 저 자신을 사랑하는 법도 배웠어요. 어느 순간부터 제 가치관과 일치하는 결정을 내리게 되면서 제 내면의 뭔가가 되살아났어요! 하루하루가 포기하는 기분일 때랑은 완전히 달라요. 아무튼 전에는 스트레스에 시달려 한시도 쉴 틈이 없었으니까요! 이제는 제가 어떤 사람이고 어디로 가고 있는지를 자주 상기하게 돼요. 저 자신의 목소리와 저 자신을 돌보는 일을 최우선 순위에 두니까 아주 큰 변화가 생겼어요. 다시 웃고 재미를 느끼니 정말 기운이 막 솟아요! 그 어느 때보다 더 저 자신이 된 기분이 들어요."

초반의 단계를 넘어서기가 힘들긴 했지만 메리는 자신이 해야 할 일을 찾아낸 후 자신을 존중하며 최적의 결정을 이끌어낼 수 있었다.

메리의 전남편 조도 인생의 전환을 맞았다. 이혼 절차가 마무리되었을 때 그 자신의 서툰 결정에 따른 결과가 결국 그에게 타격을 주었다. "삶을 다시 회복하기까지 시간이 좀 걸렸어요. 폭음이 훨씬 늘어 아주 바닥을 치고 나서야 그 상황이 더 확실하게 다가왔어요. 제 성격이 아무리 충동적이고 이기적이라고 해도 더는 그런 현실을 용인해선 안 되겠다 싶더군요. 그래서 금주회에 나가보기로 했어요. 제가 평생을 살며 가장 잘한 결정 중 하나였죠. 저한테는 혼자 알아서 술을 끊을 만한 힘이 없었으니까요. 그곳에서 제 후원자 더그를 만났어요. 더그는 제가 처한 곤경을 이해하며 저와 같이 끈기 있게 프레임워크를 해줬어요. 저는 결혼생활은 끝이 났지만 좋은 아빠가 될 기회는 끝나지 않았다는 걸 깨달았어요. 지금은 속상하다고 술 마시는 버릇을 끊은 지 5년이 넘었어요. 직장에 안정적으로 다니는 중이고 매주 아이들과 좋은 시간을 보내고 있어요. 메리도 제 가족들도 제가 정말 많이 변했고 훨씬 더 행복해 보인다고 말해요. 맞는 말이에요! 그동안 존재하는 줄도 몰랐던 더 좋은 조가 되었으니까요. 제가 겪어봐서 하는 얘기지만 더 좋은 사람이 되기에 너무 늦은 때는 없더

<tr><td>맺음말</td></tr>

<tr><td>235</td></tr>

라고요."

　당신이 가장 존경하는 사람은 누구인가? 그는 어떤 사람인가? 그 사람을 존경하는 이유는? 장담하건대 그 사람은 당신이 일관되게 마음에 품고 있는 가치관을 증명해 보이는 사람일 것이다. 당신이 흉내 내고 싶고 더 닮고 싶은 사람일 것이다. 이 사람의 모든 면을 좋아하지 않을 수도 있겠지만 그 사람의 품성에서 중심적인 면에 마음이 끌리고 있을 것이다. 어쩌면 아주 좋은 결정을 내리는 사람이기도 할 것이다. 그렇다고 실수를 절대 안 하는 사람이라는 얘기는 아니다. 사실, 우리의 영웅들 대다수는 큰 실수를 저지른 적이 있다. 그들이 우리의 영웅인 이유는 더 좋은 결정을 내려 상황을 반전시키며 긍정적 이미지를 갖게 되었기 때문이다. 그렇다면 당신이 존경하는 그 사람과 더 닮기 위해선 어떻게 해야 할까? 최적의 결정을 내리는 사람이 되어야 한다. 프레임워크의 활용은 자신의 삶에 주인의식을 갖는 사람이 되도록 지원군 역할을 해준다. 프레임워크 과정을 거치다 보면 정체성을 근본적으로 변화시키고 끌어올릴 힘이 생긴다. 지금의 당신은 당신이 살면서 내린 모든 결정이 축적된 결과다. 잘 생각해봐라. 이 닦기에서부터 결혼에 이르기까지 당신이 내린 모든 결정이 지금의 삶에서 당신이 생각하고 경험하는 방식을 결정지어온 것이다.

　우리는 우리가 내린 결정에 따라 끊임없이 재포맷되어 틀이 잡히면서 변화한다. 우리의 개인성은 우리의 생각을 훨씬 능가한다. 생각 혼자 여전히 '상상의' 상태에 있으면서 실현되지 않고 있기 때문이다. 그런 생각을 '현실로' 만드는 것은 실행 가능한 결정이며 그런 결정에서 우리의 느낌이 뭔가를 알려주는 역할을 해주기도 한다.

　바로 지금 버전의 당신 자신이 좋다면 축하한다! 아마도 당신은 자신의 정체성을 의식하고 형성하는 시간을 가졌을 것이다. 또한 당신의 결정 대부분은 가치관을 확증하는 식으로 실행되었을 것이다. 자신의 생각과 행동에 대해 전반적으로 통제감을 갖고 있기도 할 것이다. 다루기 힘든 기분이 들면 그런 기분을 느끼게 놔두면서 그 감정의 근원을 헤아릴 수 있을 것이다. 과거의 고통과 시련을 어떻게 잘 헤쳐나왔는지 떠올리며 충족감도 느낄 것이다. 이런 경험들을 통해 진정한 자기확신과 미래에 대한 희망을 품게 되었을 것이다. 자신의 진성성과 바람직한 경험을 끌어내는 능력에 기인한 내면의 평화도 느낄 것이다.

　바로 지금 버전의 자신에 만족하지 못하고 있다면 당신은 지금 나아가고 있는 것이다! 이 간단한 인정이 성장형 사고방식을 지속시킬 수 있다. 자기애를 더 높이려면 당신 자신을 더 잘 알아야 한다. 당신의 약점에 주목하는 것으로만 그치지 말고 당신 자신을 전인적 인간으로도 보기 바란다. 정체성 형성은 당신의 개인적 가치관을 분간해 그 가치관에 대해 주인의식을 갖는 것이다. 당신의 독자적 목소리를 발견하기 위해서는 당신의 자아 정체감에 영향을 미치는 다른 목소리와 영향력 들을 걸러내야 한다. 우리는 진공 상태에서 살고 있지 않으며, 따라서 우리의 정체성은 사람들이나 여러 상황과 상호작용하며 형성된다. 이런 경험을 통해 우리에게는 아주 지속적으로 유지되는 부분이 있기 마련이다. 바로 이런 부분들이 진정한 버전의 당신을 담아내는 특성들이다.

맺음말

자기애를 힘들게 할 수 있는 원인 한 가지는 비교 게임이다. 혹시 '성공'하려면 특정 방식의 관점을 갖고 특정 방식으로 행동해야 한다는 거짓말에 넘어가 있지는 않은가? 미디어에서 묘사하는 대로의 성공과 아름다움을 갖추지 못하면 부족한 사람 같은가? 사람들은 저마다의 방식대로 아름답고 강하다. 사과가 복숭아보다 더 아름다운가? 모든 과일은 저마다의 아름다움을 가지고 있으며, 이와 마찬가지로 사람도 저마다의 독특한 특성이 있다. 만족감이 당신 자신의 개인적 특성이 못 미치는 곳에 있다는 생각은 미성취감에 이르는 공식이다. 만족감이 진짜로 당신 자신 너머에 존재한다 해보자. 그러면 대안적으로 어떤 선택은 하게 될까? 그렇지 않은 척하는 것이다. 불행한 사람들 중 많은 이들이 자신의 핵심적 자아를 받아들이려 하지 않으면서 불평으로 스스로를 고문하고 다른 누군가가 되기 위해 자원을 낭비한다. 그리고 결국엔 거짓된 자아에도 불만을 갖는다! 당신을 당신이게 하는 당신 자신의 그 핵심적 부분을 포용할 줄 알아야 한다! 자신을 더 높이 존중해라.

자존감(자신을 존중하는 마음)이란 뭘까? 어떤 대상을 존중한다는 것은 그 대상을 존중하며 그 가치를 인식하는 것이다. 이 정의에 따르면 자존감은 자기 자신의 가치관을 인식하는 방식이다. 자존감이 높은 사람들은 자신을 가치 있는 존재로 여기고 자신의 가치에 자신감이 있다. 자존감이 낮은 사람들은 자신을 가치가 거의 없거나 아예 없다고 인식하면서 부정적 느낌을 갖게 된다. 자존감의 흥미로운 부분은, 자존감이 곧 사고방식이나 다름없다는 점이다. 자존감은 실체가 없어 만질 수도 볼 수도 없다.

대체로 자의적이고 주관적이다. 즉, 어떤 사람이 자신을 어떻게 인식하고 있는지 서술하기 위해 인공적으로 만들어내는 생각이다. 그렇다면 사람들은 자신의 자존감을 어떻게 결정할까? 개념상으로 보면 자존감은 사랑과 비슷하다. 사랑 역시, 말 그대로 보거나 붙잡을 수 없다. 볼 수 있는 것은 사랑의 부산물이다. 이와 마찬가지로, 건강한 자존감을 가진 사람들은 자기긍정적이고 올바르게 처신하며, 그 덕분에 삶의 숱한 난관을 더 잘 헤쳐나간다.

그렇다면 자존감을 높일 방법은 뭘까? 최적의 결정을 내리는 사람이 되면 된다! 프레임워크 이면의 아주 중요한 목적은 자기애를 품을 만한, 진정성 있는 사람이 되는 것이다. 삶을 긍정하는 자세로 결정을 내리면 자신의 정체성이 뚜렷이 잡히면서 여러 상황에서 자신의 진정한 가치관을 드러내게 된다. 좋은 결정을 내릴 때 나타나는 공통적 가치관은 당신이 최적의 자신이 되도록 틀을 잡아준다. 당신은 어떤 사람인가? 좋은 결정을 내리는 사람이다. 어떤 사람들이 좋은 결정을 내릴까? 현명하고 자신을 잘 알고 자신감 있고 신뢰할 수 있는 등등 그 외의 여러 가지 긍정적인 자질을 가진 사람들이다. 긍정적 의사결정의 적중률이 높아지면 자기인식과 자존감이 근본적으로 변화된다. 또 하나의 결정적 요소인 끈기도 중요하다. 자존감의 적은 자신을 포기하는 일이다. 이 적이 등장하면 당신이 무능하고 나약하다는 메시지를 보낸다. 이 어려운 적과 끝까지 싸우려는 선택을 해라. 기운이 빠지면 잠시 쉬며 다시 기운을 차려라. 실수를 파악해보고 다시 해봐라. 개인적 성장의 기회를 포기하지 마라! 최적의 결

맺음말

정이라는 승리의 경험은 통합된 자존감을 세워준다.

당신이 높이 평가하고 존중하는 그런 사람이 되는 일은 하루하루 꾸준히 이어가는 과정이다. 가장 먼저 할 일은 최적의 결정을 내리는 사람이 되겠다는 다짐이다. 최적의 의사결정이 당신을 이루는 정체성의 일부가 되게 해라. 당신의 가치관과 일치하는 결정을 내리며 당신 자신을 존중해라. 아직 이렇다 할 느낌이 없는가? 열심히 믿어봐라. 그 가치관에 그다지 믿음이 생기지 않는가? 믿음이 생길 때까지 계속해서 자신을 존중하는 결정을 내려라. 당신이 이 일을 완벽하게 해내게 될까? 그렇진 않다. 여전히 실수를 할까? 당연한 얘기다. 뭐가 잘못되었는지 따져보며 자신에게 솔직해지기로 마음먹게 될까? 그건 당신의 선택에 달려 있다. 실수를 낭비하지 마라. 당신의 정체성과 일치하지 않는 점을 찾아내 그 실수를 통해 배워라. 시급히 '해야 할' 것처럼 여겨져 진정성을 대가로 치르게 되는, 다른 상충 관계의 일들은 없는지 가려내라. 바람직하지 못한 결과에도 불구하고 그 결정이 당신의 정체성과 진정으로 일치한다는 주인의식을 가져라. 우리는 시간에 따라 성쇠의 과정을 거치며, 경우에 따라 결정이 현재의 정체성에 기반하기도 하고 정체성을 갱신시켜주기도 한다. 정체성은 지속적으로 가다듬어지는 과정을 거친다. 내 경우만 해도 십대 시절의 진정한 버전의 나 자신은 지금의 진정한 버전과는 사뭇 다르다. 좋은 남편과 아버지가 되는 것을 중시하는 지금의 가치관은 더 어렸던 나 자신에게는 들어맞는 가치관이 아니었다! 내 삶의 계절은 바뀌었지만 평생에 걸쳐 오래 지속되는 근본적인 특징도 여전히 있다. 바로 현재의 내 정체성에 진정성을 지키는 동시에 더 성장해 있을 미래의 내 정체성에도 마음을 열기 위한 노력이다. 이는 곧 내 의사결정력을 향상시키면서 또 다시 올바른 방향으로 나아갈 용기를 내는 일이다.

사소한 일부터 최적의 결정을 내려보길 무엇보다 강력히 권한다. 말하자면 걸음마를 떼는 것과 같이 생각하면 된다. 우리는 걷기도 전에 자전거부터 타길 기대하진 않는다. 당신에게는 서툰 결정을 내렸던 전력이 있을 것이다. 이제는 그 내력을 바꿀 때다! 우선 간단하고 빠르게 실행시킬 수 있는 일부터 건강한 결정을 내려봐라. 아침 챙겨 먹기나 이 닦기 같은 일상적인 일이어도 괜찮으니 해봐라.

미 해군 특수부대 네이비실의 퇴역 사령관 윌리엄 맥레이븐은 이렇게 말했다. "세상을 바꾸고 싶다면 침대부터 정리해라. 신념이 북돋워주는 힘과 위안을 대체할 수 있는 것은 없지만 때로는 침대 정리하기 같은 단순한 행동이 하루를 시작하는 데 필요한 기운을 북돋워 하루를 끝까지 제대로 마무리하면서 만족감을 갖게 해줄 수 있다."[94] 매일 할 수 있고 성공도가 높은 일을 골라봐라.

심리학자이자 『해빗: 내 안의 충동을 이겨내는 습관 설계의 법칙Good Habits, Bad Habits』의 저자인 웬디 우드는 건강한 결정을 더 지속적으로 내릴 수 있는 실용적 방법을 알려주었다. 행동의 마찰을 줄이거나 늘리는 방식이다.[95] 건강한 행동을 늘리려면 마찰이 더 적어 해내기가 더 쉽게 조정하면 된다. 예를 들어, 당신이 매일 먹어야 하는 약을 깜빡 잊는다고 쳐보자. 이 경우엔 약병을 눈에 잘 안 보이는 주방 수납장에 둘 게 아니라

침실 협탁으로 옮겨 물병과 같이 두는 게 좋다. 안 좋은 습관의 경우도 마찬가지 원리다. 해로운 행동은 그 행동을 하려면 더 많은 단계를 거치게 하는 식으로 마찰을 늘리면 된다.

이런 변화는 사소해 보일지 몰라도 시간이 지나면서 큰 변화가 된다. 꾸준히 좋은 결정을 내리다 보면 당신 자신을 보는 방식이 근본적으로 바뀐다. 뇌는 당신이 일관적으로 좋은 결정을 내리고 있다고 받아들일 수밖에 없다! 이렇게 되면 최적의 결정을 내리는 사람이라는 느낌이 마음 깊이 자리 잡게 된다. 결국엔 꾸준히 좋은 결정을 내리는 게 당연해지지 않을까? 처음 며칠은 느낌에 별 차이가 없을 수도 있다. '그게 뭐 대단한 일이라고 그래. 오늘은 좋은 결정을 내렸지만 내일은 또 엉망이 될지도 모르는데.' 내면에서 이런 말을 던지며 당신의 노력을 깎아내릴 수 있다. 그러다 몇 주 정도 지나면 뇌에서 당신이 자신의 결정을 끝까지 해내는 사람일지 모른다는 결론으로 다가가기 시작한다. 가치관 확증적 결정들이 일관적으로 내려지면서 그런 결론에 이르도록 동력을 걸어준다. 최적의 결정을 내리도록 자신감을 세워주는 것은 이런 나날의 승리들이다.

그렇다면 어떻게 해야 최적의 결정을 내리는 사람이 될까? 누구나 처음부터 최적의 결정을 내리기는 힘들다. 처음엔 결정을 내리는 데 애를 먹거나 서툰 결정을 내려 결국 괴로운 결과를 맞기 십상이다. 서툰 결정은 진정성 없고 부조화된 삶의 부산물이다. 누구나 겪어봐서 알 테지만 서툰 결정에는 장단기적으로 해로운 결과가 따른다. 프레임워크를 단계적 지침으로 삼아 갈등과 목표를 제대로 평가해보는 것이 좋다. 간추린 의사결정 과정으로 우리의 필요를 충족시키기 위한 최고의 방법을 찾아보자. 프레임워크의 전체 과정을 머리글자를 따서 E-SORT로 부르면서 하나씩 살펴보자.

1. 감정Emotions: 당신의 느낌은 뭘 알려주는 걸까? 감정에 대해 묻는 이 질문은 중요한 문제로 주의를 돌려준다. 감정은 노골적이고 여과되지 않은 경우가 많다. 자신에게 더 솔직해지기 위해서는 감정의 세계에 귀를 기울여 그렇게 알아낸 정보를 활용해야 한다.

2. 자신의 가치관Self-Values: 나에게 중요한 건 뭘까? 자신의 가치관에 대한 이 질문은 여러 의미를 살펴보게 해준다. 이 정보를 활용하면 자신의 중심 가치관에 눈뜨게 되어, 자신에게 중요한 것이 뭔지 명확히 규정되고 정체성의 틀이 잡힌다.

3. 상대의 가치관Other's Values: 관련자들에게 중요한 건 뭘까? 상대의 가치관을 살펴보는 이 질문은 상대의 바람을 고려하게 해준다. 자신의 가치관을 확장해 상대에게도 나름의 가치관이 있다는 점을 인정하면서 원윈 시나리오를 세우는 것을 지향한다.

4. 현실 요소Reality Factors: 관련 요소들은 뭘까? 현실을 살펴보는 이 질문은 시도해볼 만한 선택지에 비교적 상시적 영향을 미치는 요소들을

찾아내는 것이다. 실용적 해결책을 세우기 위해서는 우리가 활동하고 있는 맥락을 이루는 현실 요소를 인정해야 한다.

5. 용감히 헤쳐 나가기 Tough It Out: 최고의 선택지를 골라 용기 있게 실행해라!

프레임워크를 활용하면 해당 상황을 감안할 때 타당하고 최적의 선택이 되도록 문제를 명확히 밝히는 데 도움이 된다. 최적의 결정을 세우기 위해서는 알고 있거나 다른 곳에서 새로 얻은 정보가 필요하다. 최적의 해결책에 따라 행동하기가 선뜻 내키지 않는 것은 정상이며 당연한 일이다. 그 결정을 완수하고 그에 따라 일어난 결과를 헤쳐 나가려면 용기를 내야 한다.

여기에서는 완벽함이 목표가 아니다. 우리의 지향점은 더 자주, 더 꾸준히 더 좋은 결정을 내리는 데 있다. 유일한 조건은 삶의 수많은 결정에서 프레임워크를 배우고 적용하고 꾸준히 활용하는 것뿐이다. 그렇게 시간이 지나다 보면 프레임워크 과정이 자연스러운 사고방식이 된다. 최적의 결정을 내리는 사람이 되는 것이 정체성의 일부로 동화된다. 진정성 있는 사람이 되는 것은 최고의 보상이며 최적의 결정을 내리다 보면 그런 보상을 얻는 데 도움이 될 것이다! 오늘부터 당장 시작해, 지금 진정성 있는 자신이 되면 앞으로 수년 후의 미래에 되어 있을 그 사람을 기분 좋게 즐길 수 있음을 깨닫기 바란다.

이 책과 관련해서 묻고 싶은 점이나 하고 싶은 말이 있다면 나로선 그런 피드백은 얼마든지 환영이다! 이 책이 더 최적의 결정을 내리는 사람이 되는 데 도움이 되었다면 경험담을 공유해주기 바란다. 프레임워크와 관련해 개인적 차원이나 기업 차원에서의 코칭에 관심이 있다면 나와의 협력을 고려해주기도 바란다. 다음은 나에게 연락할 방법이다.

웹사이트: www.timyen.com

이메일: timkyen@gmail.com

인스타그램: choosebetterconsulting

주

1. Iyengar, S. S. & Lepper, M. R. (2000). When choice is demotivating: Can one desire be too much of a good thing? Journal of Personality and Social Psychology, 79(6), 995~1006. https://doi.org/10.1037/0022-3514.79.6.995

2. Pew Research Center (2015). Beyond distrust: How Americans view their government.

   https://www.people-press.org/2015/11/23/1-trust-in-government-1958-2015/

3. Barna Group. (2017). Barna Trends 2018: What's new and what's next at the intersection of faith and culture. Baker Publishing Group.

4. Jackson, G. P. (2019). The 7 people Christians trust more than their pastors. Christianity Today.

   https://www.christianitytoday.com/news/2019/january/gallup-pastor-clergy-trust-professions-poll.html

5. Raphael, R. (2017). Netflix CEO Redd Hastings: Sleep is our competition. Fast Company.

   https://www.fastcompany.com/40491939/netflix-ceo-reed-hastings-sleep-is-our-competition

6. 짐 콜린스 (2001). 『좋은 기업을 넘어 위대한 기업으로』, HarperCollins Publishers.

7. Kross, E., Berman, M. G., Mischel, W., Smith, E. E., & Wager, T. D. (2011). Social rejection shares somatosensory representations with physical pain.

   https://www.pnas.org/content/pnas/108/15/6270.full.pdf

8. Bellah, R. N. (1975). The broken covenant: American civil religion in a time of trial. Seabury Press.

9. McGoldrick, M., Giordano, J., & Garcia-Preto, N. (2005). Ethnicity & family therapy. Guilford Press.

10. 브리트니 스피어스(2000), 〈Oops! I did it again〉, 《Oops! I did it again》, Jive Records.

11. Nikolova, H., Lamberton, C., & Haws, K. (2015, June 30). Haunts or helps from the past: Understanding the effect of recall on current self-control. 2020년 11월 18일 기준.

    https://www.sciencedirect.com/science/article/abs/pii/ S1057740815000728

12. Friend, T. (2003). Jumpers: The fatal grandeur of the Golden Gate Bridge. The New Yorker.

13. Adwar, C. (2014). The role of impulsiveness is one of the saddest things about suicide. Business Insider.

    https://www.businessinsider.com/many-suicides-are-based-on-an-impulsive-decision-2014-8

14. Klemmer, B. (2005). If how-to's were enough we would all be skinny, rich, & happy. Insight.

15. 팀 켈러(2016), 『팀 켈러, 결혼을 말하다』, Penguin Books.

16. Cherry, K. (2020). Freud's theories of life and death instincts. Very Well Mind.

    https://www.verywellmind.com/life-and-death-instincts-2795847

17. Schacter D. L., Benoit, R. G., & Szpunar, K. K. (2017). Episodic future thinking: Mechanisms and functions. Curr Opin Behav Sci. 17, 41-50.

    https://doi:10.1016/j.cobeha.2017.06.002

18. Schacter, D. L., Addis, D. R., Hassabis, D., Martin, V. C., Spreng, R. N., & Szpunar, K. K. (2012). The future of memory: remembering, imagining, and the brain. Neuron, 76(4), 677-694.

    https://doi.org/10.1016/j.neuron.2012.11.001

19. Wilson, T. D., & Gilbert, D. T. (2005). Affective forecasting: Knowing what to want. Current Directions in Psychological Science, 14(3), 131-134.

주

https://doi.org/10.1111/j.0963-7214.2005.00355.x

20. Absolute Motivation (게시일 불명) Home [YouTube channel], 2020년 11월 18일 기준.

https://www.youtube.com/watch?v=wTblbYqQQag

21. 마리안느 윌리암슨, 『사랑의 기적』. Thorsons Classics

22. Merriam-Webster. (게시일 불명). Better the devil you know than the devil you don't idiom.

https://www.merriam-webster.com/dictionary/better%20the%20devil%20you%20know%20than%20the%20devil%20you%20don%27t

23. 평화봉사단. (게시일 불명). 서로 다른 입장에 따라 별개의 관점을 갖게 되는 예를 잘 설명하여 문화간 인식에 대해 깨우쳐 주는 인도의 민간 설화다.

https://www.peacecorps.gov/educators/resources/story-blind-men-and-elephant/

24. Chen M. K, Lakshminarayanan V., Santos, L. R. (2006). How basic are behavioral biases? Evidence from capuchin monkey trading behavior. J. Political Econ. 114, 517-537.

https://doi:10.1086/503550

25. Kahneman, D., Knetsch, J. L., & Thaler, R. H. (1991). Anomalies: The endowment effect, loss aversion, and status quo bias. Journal of Economic Perspectives, 5(1), 193-206.

26. Kahneman, D., & Tversky, A. (1979). Prospect theory: An analysis of decision under risk. National Emergency Training Center.

27. Schudel, M. (2013). Bert Lance, banker, and Carter, budget director. The Washington Post.

https://www.washingtonpost.com/politics/bert-lance-banker-and-carter-budget-director/2013/08/16/a200f4f8-0689-11e3-9259-e2aafe5a5f84_story.html

28. 로즈 그린(2014). 『아이의 대역습』, Harper.

29. Baggini. J. (2005). Wisdom's folly. The Guardian.

   https://www.theguardian.com/theguardian/2005/may/12/features11.g24

30. 브로니 웨어, 『내가 원하는 삶을 살았더라면』. Hay House.

31. Butcher, R. (게시일 불명). Before takeoff checklist: Understanding the benefits
   of segmented checklists.

   https://www.aopa.org/training-and-safety/students/presolo/skills/before-
   takeoff-checklist

32. Boyce, J. M., & Pittet, D. (2002). Guideline for hand hygiene in healthcare
   settings: Recommendations of the healthcare infection control practices
   advisory committee and the HICPAC/ SHEA/APIC/IDSA hand hygiene task
   force.

   https://www.cdc.gov/mmwr/preview/mmwrhtml/rr5116a1.htm

33. Field Manual No. 6-99.2. (2007). US Army report and message formats.

   https://usacac.army.mil/sites/default/files/misc/doctrine/CDG/cdg_resources/
   manuals/fm/fm6_99x2.pdf

34. Thompson, B. (2017). Theory of mind: Understanding others in a social world.
   Psychology Today.

   https://www.psychologytoday.com/us/blog/socioemotional-success/201707/
   theory-mind-understanding-others-in-social-world

35. Damasio, A. R. (2004). Emotions and feelings: A neurobiological perspective.
   In A. S. Manstead (Author), Feelings and emotions: The Amsterdam
   Symposium (49-57). Cambridge Univ. Press.

36. 폴 에크먼(2007), 『표정의 심리학』, St. Martin's Griffin.

37. Fox, P. (2016). Teen girl uses 'crazy strength' to lift burning car off dad. USA
   Today.

주

https://www.usatoday.com/story/news/humankind/2016/01/12/teen-girl-uses-crazy-strength-lift-burning-car-off-dad/78675898/

38. Ekman, P. (게시일 불명). Anger.

https://www.paulekman.com/universal-emotions/what-is-anger/

39. Ekman, P. (게시일 불명). Sadness.

https://www.paulekman.com/universal-emotions/what-is-sadness/

40. Ekman, P. (게시일 불명). Enjoyment.

https://www.paulekman.com/universal-emotions/what-is-enjoyment/

41. Peterson, J. (게시일 불명). Life's never just about happiness—it's about meaning. The Australian.

https://www.theaustralian.com.au/commentary/opinion/lifes-never-just-about-happiness-its-about-meaning/news-story/b8f6d4beb93d1e2173114e40b7cca423

42. Ekman, P. (게시일 불명). Fear.

https://www.paulekman.com/universal-emotions/what-is-fear/

43. Ekman, P. (게시일 불명). Surprise.

https://www.paulekman.com/universal-emotions/what-is-surprise/

44. Ekman, P. (게시일 불명). Disgust.

https://www.paulekman.com/universal-emotions/what-is-disgust/

45. Ekman, P. (게시일 불명). Contempt.

https://www.paulekman.com/universal-emotions/what-is-contempt/

46. Parrott, W. G. (Ed.). (2001). Emotions in social psychology: Essential readings. Psychology Press.

47. Loewenstein, G. (2005). Hot-cold empathy gaps and medical decision-making. Health Psychology, 24(Suppl. 4), S49-S56.

48. Mayer, J. D., Salovey, P. S., & Caruso, D. R. (2008, September). Emotional

intelligence: New ability or eclectic traits. American Psychologist, 63(6), 503-517.

49. Goleman, D. (2000). Working with emotional intelligence. Bantam Books.

50. McLeod, S. (2020). Maslow's hierarchy of needs. Simply Psychology. https://www.simplypsychology.org/maslow.html

51. Pink, D. H. (2009). Drive: the Surprising truth about what motivates us. Riverhead Books.

52. 질 볼트 테일러(2016), 『나는 내가 죽었다고 생각했습니다』, Plume.

53. Eurich, T. (2018). What self-awareness really is (and how to cultivate it). Harvard Business Review. https://hbr.org/2018/01/what-self-awareness-really-is-and-how-to-cultivate-it.

54. Palouse Mindfulness. (2019, April 30). The Call to Courage—Brené Brown compilation [Video]. YouTube. https://www.youtube.com/watch?v=zDIQQxlKNZc

55. 사이먼 시넥(2019), 『스타트 위드 와이, 나는 왜 이 일을 하는가』, Portfolio Penguin.

56. Chachura, R. (2019). 'Man's Search for Meaning' by Viktor E. Frankl. Medium. https://medium.com/@geekrodion/manssearch-for-meaning-by-viktor-e-frankl-7b71b4693790

57. 심리 평가: 에니어그램: https://tests.enneagraminstitute.com/orders/create#rheti; 16PF: https://www.16-personality-types.com/online-personality-tests/16pf-test-online/; NEO-PI-R: https://www.sapa-project.org/blogs/NEOmodel.html; IPIP-NEO: https://www.personal.psu.edu/~j5j/IPIP/; ISC: https://discpersonalitytesting.com/free-disc-test/; LIFO survey: https://lifo.co/getting-started-lifo-process/lifo-survey/;

주

MBTI: https://www.myersbriggs.org/my-mbti-personality-type/take-the-mbti-instrument;

호간의 MVPI: https://www.hoganassessments.com/assessment/; motives-values-preferences-inventory/;

클리프턴스트렝스 34: https://www.gallup.com/cliftonstrengths/en/252137/home.aspx;

스탠드아웃 어세스먼트: https://www.marcusbuckingham.com/;

이모셔널 인텔리전스 2.0: https://www.talentsmart.com/test/;

프리페어/인리치: https://www.prepare-enrich.com

58. 스티븐 코비(2006),『신뢰의 속도』, Free Press.

59. 자넷 애트우드, 크리스 애트우드(2009),『열정 테스트』, Pocket.

60. 게리 채프먼(2015),『5가지 사랑의 언어』, Northfield Pub.

61. Values Auction:
    https://williamsghhs.files.wordpress.com/2014/09/day-2-values-auction.pdf

62. Cherry, K. (2020). John Dewey biography. Very Well Mind.
    https://www.verywellmind.com/john-dewey-biography-1859-1952-2795515

63. Kułakowski A. (2011). The contribution of Marie SkłodowskaCurie to the development of modern oncology. Analytical and Bioanalytical Chemistry, 400(6), 1583-1586.
    https://link.springer.com/article/10.1007/s00216-011-4712-1

64. 어빈 얄롬(1998),『얄롬을 읽는다』, Basic Books.

65. Nilon, L. D., Hjorring, A. N., & Close, K. (2013). Your insight and awareness book. Insight and Awareness Pty.

66. Valentine, M. (2017). How writing your own eulogy can help you follow your heart and live your best life. Goalcast.
    https://www.goalcast.com/2017/10/09/how-writing-your-own-eulogy-can-

help-you-live-your-best-life/

67. Feldhahn, S. (2013). The surprising secrets of highly happy marriages: The little things that make a big difference. Multnomah Books.

68. McLeod, S. (2018). Jean Piaget's theory and stages of cognitive development. Simply Psychology.

    https://www.simplypsychology.org/piaget.html

69. 제프리 E. 영 외(2003), 『심리도식치료』, The Guilford Press.

70. Kent, M. (2006). The Oxford dictionary of sports science & medicine. Oxford University Press.

71. 피에르 모렐(감독)(2008), <테이큰>(영화), 20th Century Fox.

72. Vaughn, S. (게시일 불명). DBT: Six levels of validation. Psychotherapy Academy

    https://psychotherapyacademy.org/dbt/six-levels-of-validation/

73. Li, H. (2018). 掩耳盜鈴 To cover one's ears whilst stealing a bell. Ancient Chengyu.

    https://ancientchengyu.com/cover-ear-steal-bell/

74. 브루스 혼스비 앤 더 레인지 (1986), 〈The way it is〉(노래)

75. 필립 C. 맥그로(2015), 『나에게 꼭 맞는 인생 전략을 세워라』, Hachette Books.

76. Stanford University: The Martin Luther King, Jr. Research and Education Institute. (게시일 불명). Montgomery Bus Boycott.https://kinginstitute.stanford.edu/encyclopedia/montgomery-bus-boycott

77. 조엘 설나우, 로버트 코크란(공동 집필), (2001년 11월 6일 첫 방연), <24시>(TV 시리즈), Fox.

78. Zaback, J. (2019). Colin Powell's 40/70 approach to leadership and executive decisions. LinkedIn.

    https://www.linkedin.com/pulse/colin-powells-4070-approach-leadership-

주

executive-decisions-zaback/

79. 사브리나 코헨-해턴(2020), 『소방관의 선택』, Black Swan.

80. Sun-tzu, & Griffith, S. B. (1964). The Art of War. Clarendon Press.

81. QuotesCosmos (게시일 불명). The road to hell is paved with good intentions. https://medium.com/@QuotesCosmos/the-road-to-hell-is-paved-with-good-intentions-17326943c05a

82. Klemmer, B. (2005). If how-to's were enough we would all be skinny, rich, & happy. Insight.

83. Tuck, Edie. (2019). You can keep your good intentions: It's the action that really matters. Medium. https://medium.com/1-one-infinity/you-can-keep-your-good-intentions-80f32bf8744

84. McLeod, S. (2019). Id, ego, and superego. Simply Psychology. https://www.simplypsychology.org/psyche.html

85. Psychologist World. (게시일 불명). 31 Psychological Defense Mechanisms Explained. https://www.psychologistworld.com/freud/defence-mechanisms-list

86. Terkeurst, L. (2018). The slippery slope. Crosswalk. https://www.crosswalk.com/devotionals/encouragement/encouragement-for-today-december-6-2018.html

87. Quotes.net. (게시일 불명). https://www.quotes.net/quote/41782

88. Quotable Quote. (게시일 불명). https://www.goodreads.com/quotes/3240-you-are-what-you-do-not-what-you-say-you-ll

89. Quotable Quote. (게시일 불명). https://www.goodreads.com/quotes/5156-i-learned-that-courage-was-not-

the-absence-of-fear

90. 존 메이어(2007), 〈Say〉,《Continuum》(앨범), Columbia Records.

91. 실버스타 스탤론(감독)(2006년 개봉), <록키 발보아>(영화), 미국 Metro-Goldwyn-Mayer Columbia Pictures Revolution Studios Chartoff/Winkler Productions 제작. 2020년 기준, 다음의 유튜브 주소에서 검색. https://www.youtube.com/watch?v=D_Vg4uyYwEk

92. Quotable Quote. (게시일 불명).

https://www.goodreads.com/quotes/1514493-a-hero-is-someone-who-in-spite-of-weaknessdoubt

93. Quotable Quote. (게시일 불명).

https://www.goodreads.com/quotes/53111-wisdom-is-the-power-to-put-our-time-and-our

94. Goalcast. (2017). William H. McRaven: If you want to change the world, start off by making your bed.

https://www.goalcast.com/2017/08/17/william-h-mcraven/

95. 웬디 우드(2019),『해빗』, Farrar, Straus and Giroux.

우유부단한 인생이 꼭 알아야 할 선택의 심리학

1판 1쇄 찍음   2023년 12월 4일
1판 1쇄 펴냄   2023년 12월 11일

지은이   티모시 옌
옮긴이   정미나
펴낸이   조윤규
편집   민기범
디자인   홍민지

펴낸곳   (주)프롬북스
등록   제313-2007-000021호
주소   (07788) 서울특별시 강서구 마곡중앙로 161-17 보타닉파크타워1 612호
전화   영업부 02-3661-7283 / 기획편집부 02-3661-7284 | 팩스 02-3661-7285
이메일   frombooks7@naver.com

ISBN   979-11-88167-84-5 (03190)